모던미팅,
결론과 실행이 있는 회의법

MODERN MEETING STANDARD

Read This Before Our Next Meeting
The Modern Meeting Standard for Successful Organizations: by Al Pittampalli

Originally published in the United States
by Amazon Content Services LLC, 2011.
This translation made possible under a license arrangement originating
with Amazon Publishing.

모던미팅,
결론과 실행이 있는 회의법

초판 1쇄 인쇄 2014년 5월 27일 초판 1쇄 발행 2014년 6월 5일
지은이 알 피탐팰리 옮긴이 정길락·정구숙 · 온라인마케팅 비아썸띵www.viasomething.
com · 한국어판 출판권 ⓒ 2014 정길락 · 펴낸이 김찬희 · 펴낸곳 끌리는책 · 출판등
록 신고번호 제25100-2011-000073호 · 주소 서울시 구로구 경인로 55 206호 · 전
화 영업부 (02)335-6936 편집부 (02)2060-5821 · 팩스 (02)335-0550 · 이메일
happybookpub@gmail.com · ISBN 978-89-90856-52-4 13320 · 값 12,000원

· 잘못된 책은 구입하신 서점에서 교환해드립니다.
· 이 책 내용의 일부 또는 전부를 재사용하려면 반드시 사전에 저작권자와 출판권자의 동
  의를 얻어야 합니다.

Read This Before Our Next Meeting

결론과 실행이 있는 회의법

알 피탐팰리 지음 | 정길락·정구숙 옮김

끌리는책

감 사 의 글

내게 길을 보여준 세스 고딘과 이시타 굽타에게 감사한
다. 또한 내 생각에 생명력을 불어넣어준 도미노 프로젝트
팀에게도 감사한다.

효과적인 의사결정에 대한 내 생각에 많은 영감을 준,《이
기는 결정》의 저자 에드워드 루소와 폴 슈메이커에게도 특
별한 감사를 전한다.

마리오 다미아니드, 데이비드 커슈너, 배리 시어스, 스탠
리 추, 블레슨 새뮤얼 션 에이트킨, 해리스 컨은 항상 나에게
멘토가 되어주었다.

샤커 틸, 마이클 줌차크, 애신 코라티일, 조너선 브라운,
대니엘 잉갈라는 항상 부르고 싶은 이름이다.

동료이자 친구인 에이프릴 몰리, 키란 설리번, 제이미 조지프, 서맨사 니컬슨, 조슬린 추, 마시 아말, 새뮤얼 슬레이터, 크리스토퍼 데시어, 롤런드 베이비스, 마크 레빗, 크레시다 서틀스, 조지프 켈러, 몰리 스미스, 커티스 윌리엄스, 마이클 프리드먼, 조 켈러, 자크 세라노, 알렉스 러셀에게도 감사를 전한다.

영감을 준 캐머런 크로에게도 감사를 전한다.
부모님에 대한 감사는 물론 당연한 일이다.

그리고 **무엇보다 내가 경험했던 끔찍한 회의의 모든 주인공에게 가장 감사한다.**

알 피탐팰리

'회의' 하면 머릿속에 어떤 단어들이 떠오르는가?

'지루함', '뻔한 결론', '눈치 보기', '책임 회피', '침묵'과 같은 부정적인 단어들이 대부분 제일 먼저 떠오를 것이다. 혹시라도 '설렘', '새로운 아이디어', '리더십', '적극적 참여' 라는 단어가 먼저 생각나는 사람이 있을까? 그런 사람이 있다면 누구라도 한 번쯤 만나 그 비밀을 배우고 싶다.

2007년 뉴욕의 가을이 시작될 무렵, 우연히 그런 기회가 내게 찾아왔다. 당시 늦깎이 유학 중이던 나는 토스트마스터스라는 스피치 클럽의 회장을 맡고 있었다. 우리는 매주 정기 미팅이 끝나면 평가 회의를 가졌다. 하지만 클럽을 더 발전시키기 위한 회의는 시간이 지날수록 그저 의례적인 절차로 전락했고, 회원들 또한 점점 더 소극적으로 변해갔다.

이런 상황에 극적인 변화를 가져온 것은 바로 신입회원

알 피탐팰리였다. 그는 임원진이 아님에도 적극적으로 평가 회의를 혁신시키는 데 나섰다. 매주 구체적이고 명확한 어젠다 작성을 도왔고, 의사결정을 중심으로 회의가 진행되도록 했다. 그에 따라 회의는 속도감을 갖게 되었을 뿐 아니라, 다음 모임 때까지 무엇을 실행해야 하는지도 명확해졌다. 알이 이끈 회의 문화의 변화는 우리 클럽을 더욱 활기차고 실행력 있는 조직으로 만들었다.

그런데 우리가 속한 대부분의 직장에서 이런 활기차고 실행력을 낳는 회의를 경험하기는 쉽지 않다. 사실 직장 생활에서 가장 많은 시간을 소비하는 것이 회의다. 출근해서 퇴근할 때까지 회의는 대부분의 업무를 차지한다. 심지어 외근을 할 경우에도, 회의에 참석하기 위한 경우가 다반사다. 이렇게 직장 생활의 큰 부분을 차지하는 회의가 어쩌다가 이런 천덕꾸러기 취급을 받게 되었을까?

그럼에도 왜 우리는 이런 회의를 대체할 수 있는 더 나은 것을 만들어내지 못했을까?

이런 답답한 상황은 우리나라뿐 아니라 비즈니스의 천국인 미국도 그리 큰 차이가 없었나 보다.

오래전 우리 클럽에 새로운 회의 문화를 가져온 알은, 현재 뉴욕에서 비즈니스 회의 문화 변화를 위한 전문가로 활동하고 있다. 특히, 그는 스타벅스와 구글과 같이 훌륭한 성과를 내는 기업들이 산업의 경계를 넘어 어떤 회의 문화를 가지고 있는지 진지하게 고민했다. 그는 성공적 기업들의 회의 문화에 대해 일관된 공통점을 찾아내고, 그 새로운 원칙에 바탕을 둔 회의를 '모던미팅Modern Meeting'이라고 이름 붙였다. 그리고 세계 최고의 마케팅 구루 세스 고딘의 도움을 받아 그 내용을 책으로 펴냈다.

이 책은 '모던미팅'을 현실화하기 위한 구체적인 방향을 제시한다. 결론 없는 회의에 대해서 속으로만 끙끙대는 우리의 현실을 적나라하게 말한다. 그동안 우리는 회의를 명확하게 정의하지 않고, 그저 관습대로 진행해왔다고. 대부분의 회의는 결과를 실행할 의지도 없고, 그저 어정쩡하게 책임을 떠넘기기 위한 자리였다고. 그래서 이런 상황을 혁신하기 위해서는, 회의에 대한 원칙을 처음부터 다시 세워야 한다고 주장한다.

어찌 보면, 이런 내용은 너무 당연하고 상식적이어서, 이 책을 읽는 독자는 다소 허탈할 수도 있다. 하지만 다른 모든 일들이 그렇듯이 원칙을 다시 확인하고, 상식을 반영하는 일이야말로 힘들지만 가장 빠르게 문제를 해결하는 방법이다. 그런 의미에서 이 책은 우리가 그동안 가졌던 회의가 왜 지루하고, 답답했는지에 대한 답을 구할 수 있는 출발점이

될 수 있다.

번역과정에서 역자는 문화적 배경이 다른 우리나라 독자가 이해하기 어려운 부분에 대해서는 최대한 원문의 뜻을 살리면서 의역을 하였다. 또한 주요 사건이나 단어들에 대해서는 각주를 추가하였다.

특별히 책 출간 이후 저자가 '모던미팅' 블로그를 통해 발표한 다양한 글 중에서 한국 독자를 위해 직접 선정한 글을 추가하였다. 회의 문화에 대한 생생한 사례와 저자의 독특한 해석을 통해 '모던미팅'을 더 쉽게 받아들일 수 있는 계기가 될 수 있을 것으로 기대한다.

이 책의 원제인 '다음 회의 전에 이 책을 읽어라'처럼, 다음 회의 전에는 반드시 이 책을 읽고 회의에 대한 새로운 정의와 접근법을 시도해보길 바란다.

회의 주최자가 아닌 누구라도 회의 문화를 새롭게 변화시키는 제안을 할 수 있다. 특히 수직적 커뮤니케이션의 비합리성에 여전히 발목이 잡혀 있는 우리의 기업 문화가 수평적 커뮤니케이션으로 발전할 수 있는 가장 빠른 방법은 바로 회의 문화의 변화라고 생각한다.

이 책을 통해 많은 기업들이 전통적인 회의를 '모던미팅'으로 변화시켜, 회의가 진정으로 조직에 새로운 에너지를 불어넣고, 의미 있는 결과를 이끌어내는 도구가 되길 바란다.

정길락

CONTENTS

3 chapter 모던미팅 실행을 위해 꼭 필요한 자세

4 chapter 모던미팅으로 무엇을 얻을 것인가

지금의 회의는
회사를 무너뜨리고 있다

당신은 하루 종일
무슨 일을 하는가

"당신은 하루 종일 무슨 일을 합니까?"

누군가 나에게 이런 질문을 던졌을 때 마땅한 대답을 찾지 못해 곤혹스러웠던 적이 있다. 만일 내 직업이 궁금해서였다면, 그저 명함에 적힌 대로 말해주면 되었을 것이다. 하지만 그 사람은 내가 어떤 업무를 하면서 하루를 보내는지 알고 싶어 했기 때문에 나 역시 솔직하게 대답할 수밖에 없었다.

"내 일의 대부분은 회의에 참석하는 것입니다. 그것도 아주 무의미한 회의에…….”

어쩌다 이런 상황에 놓이게 된 걸까?

대체 왜 그저 그런 회의가 꼬리에 꼬리를 물고 소리 없이 조직을 잠식해가는 것을 그저 방관만 하고 있었던 걸까? 대체 왜 이렇게 길고 지루한 회의, 목적이 불분명한 회의에 길들여진 채 더 좋은 방법을 찾지 않은 걸까?

잠시 정신을 차려보니, 부정할 수 없는 두 가지 사실을 깨닫게 되었다.

첫째, 회의가 너무 많다.
둘째, 그것도 무의미한 회의가 너무 많다.

사실 지난 수년간 커뮤니케이션 전문가들은 '회의가 너무 많다'는 사실을 지적해왔다. 개인이나 부서 간의 업무에 관련된 문서 커뮤니케이션이 충분히 이루어진다면 굳이 회의가 필요 없을 것이라고 했다.

하지만 현실은 전혀 그렇지 않다. 여전히 우리는 주저함 없이 오늘 참석할 회의 일정을 조정하고, 내일 할 회의 일정을 잡는다. 다들 회의를 하면 무언가 얻을 것이라고 생각하지만, 실제 그런 경우는 거의 없다. 이른바 공유지의 비극[■]이 발생한다.

시간이 흐를수록 우리는 이런 무의미한 회의에 무감각하게 되었다.

만약 수술실이 우리가 하는 회의처럼 느슨하고 안일하게 운영된다면 환자는 모두 죽어나갈 것이다. 만일 레스토랑 주방이 우리의 회의처럼 계획 없이 굴러간다면 음식 따위는 구경도 할 수 없을 것이다.

현실이 이 정도로 끝난다면 나는 이 글을 시작하지도 않았을 것이다.

내가 이 글을 쓰는 이유는 우리가 잘못된 회의로 엄청난 시간을 낭비한다는 사실보다 더 충격적인 점을 발견했기 때문이다. 그것은 바로 이 무의미한 회의 문화가 우리 자신을

■ 〈공유지의 비극 The Tragedy of the Commons〉은 1968년 《사이언스》에 실린 미국의 교수이자 생태학자인 개럿 하딘의 논문이다. 이 논문에서 하딘은 공공재에 대한 개인의 사적 이익 추구로 인해 결국에는 전체의 이익이 파괴되어 공멸한다는 개념을 제시했다.

변질시킨다는 점이다. 즉 무의미한 회의가 우리의 목표와 수단을 왜곡하고, 심지어 의사결정까지 변질시키고 있다.

그렇다. 회의는 중요하다.
하지만 단순한 조직에서는 그다지 중요하지 않다.
또한 산업화 조직에서도 그리 중요하지 않다.
변화를 추구할 필요가 없는 조직에서도 전혀 중요하지 않다.

그러나 대부분의 조직에서 회의란 '응집된 움직임'을 일으키는 지렛대 역할을 한다. 회의는 변화를 만들어내는 하나의 방식이며, 그 변화를 통해 우리는 성장한다.

회의는 복잡한 문제로 가득 찬 비즈니스 세계에서 서로의 협력을 이끌어내기 위한 창조적인 발명품이다. 현명한 의사결정을 하고, 복잡한 프로젝트에서 효율적인 팀 내 의사소통을 위해 회의는 필요하다.

애초부터 우리가 틀에 박힌 회의나 조직을 절름발이로 만드는 회의를 원했던 건 아니다.

그러나 우리의 회의는 전혀 다르게 변질되었다. 우리는

별 볼 일 없는 회의의 희생양으로 전락했고, 회의는 협조의 장이 아니라 관료주의적 변명이나 사내 정치의 꼭두각시놀음을 위한 장이 되어버린 것이다. 우리 모두 진짜 해야 하는 일을 못하게 막는 그렇고 그런 회의에 중독되어버렸다.

이런 생각을 해보는 이유는 비난하자는 것이 아니라, 기회를 찾아보자는 것이다. 불필요한 회의를 없애는 전략 하나만으로도, 프로젝트 조직화와 의사결정 과정에 새로운 기운을 불어넣을 수 있고, 그에 따라 원하는 목표를 성취할 수 있다. 또한 우리가 원한다면 회의를 재조명함으로써 창조와 협동이라는 업무의 본질로 되돌아갈 수 있다.

이러한 선택은 전적으로 우리 몫이다.

회의가 줄어든 세상에서는 무엇을 할 수 있을까?

무엇보다 조직의 목표를 성취하기 위한 본연의 업무에 좀 더 시간을 쓸 수 있다. 개발이나 디자인, 영업과 같은 실질적인 업무야말로 진정 회사와 고객 그리고 주주에게 가치 있는 일이다. 당장 급한 일이 아니라, 정말 중요한 일을 하는 데 시간을 사용하자. 동료의 멘토가 되어주고, 동종업계 사람들과 교류하며, 중요한 프레젠테이션을 준비하라. 절대 끝나지 않을 것 같은 케케묵은 프로젝트의 늪에서 허우적대는 대신, 새로운 프로젝트를 개발하고 착수하는 데 몰두할 수 있을 것이다.

무엇보다도, 무의미한 회의가 사라진 세상에서는 어려운 의사결정을 내리고 그것을 지켜낼 수 있을 것이다. 필요 없는 회의가 사라진다면 쉽게 타협하는 길 따위는 택하지 않을 것이다. 이것이 바로 우리 모두를 대신해서 내가 이 글을 쓰는 이유다.

현상 유지만 하는 상황에서 벗어나자.

나는 우리의 회의가 나아갈 새로운 기준과 방법을 제시하고자 한다. 그전에 현재의 회의 시스템이 가진 심각한 위험 두 가지를 먼저 이야기해보자.

첫째, 회의는 타협이 아니다.
둘째, 회의는 절박함이 있어야 한다.

회의는
타협이 아니다

몇 년 전《월스트리트 저널》에서 야후 부사장 브래드 갈링하우스에 대한 기사를 읽은 적이 있다. 그는 야후의 회의 문화가 망가지고 있다고 판단했고, 용기를 내어 최고경영진에게 이런 메시지를 보냈다고 한다.

나는 우리가 당면한 문제와 도전을 직시하고, 단호한 행동을 취해야 한다고 생각합니다. 우리에겐 아직 기회가 있습니다. 주주와 월스트리트, 광고주와 파트너, 현재와 미래의 직원과 고객에게 분명하고 강력한 메시지를 보내야 합니다. 그들은 우리가 문제를 깨닫고, 근본적인 변화의 방향으로 항로를 정하기를 기다리고 있습니다. 지금의 방향과 속도로는 불가능합니다. 단기적인 처방은 도움이 되지 않을 것입니다.

이 메시지에 담긴 진실은 매우 분명하고 충격적이다. 그리고 이 메시지는 누군가에 의해 세상에 알려졌다. 전 세계는 야후의 다음 행보를 주목했다. 하지만 야후는 어떤 결정을 내리지도, 어떤 조치를 취하지도 않았다. 그 결과 야후는 제자리에 정체해버렸다. 곧 웹 2.0 시대가 왔고, 구글·트위터·페이스북과 그루폰의 세상이 열렸지만, 한때 전성기를 달렸던 야후는 이제 아무것도 할 수 없었다.

야후에 똑똑한 사람이 없어서가 아니었다. 오히려 훌륭한 인재가 넘쳐났다. 기업의 성패를 일반적으로 좌우하는 자본이나 기술력, 시장의 문제도 아니었다. 야후는 세 가지를 모두 가지고 있었지만 실패했다. 그 이유는 간단하다.

야후는 잘못된 회의 문화를 가지고 있었기 때문이다. 그들의 회의는 업무 실행을 정체시키고, 타협의 문화를 만들어냈다. 안타깝게도, 우리가 몸담은 조직 역시 똑같은 방향으로 흘러가고 있다.

회사의 운명을 바꿔놓을 수도 있는 가슴 뛰는 결정을 내려본 것이 언제인가?

당신은 기억하는가?

나는 기억조차 나지 않는다.

우리가 채택한 회의 시스템은 강력한 의사결정을 내리고 실행하기보다, 책임을 너무 쉽게 전가하는 도구가 되어버렸다. 우리에겐 초경쟁시장에서 살아남게 해줄 혁신적이고 대담한 아이디어가 절실하다. 하지만 아이디어만으로는 아무소용이 없다. 아이디어 그 자체만으로는 구성원들의 헌신이나 인내를 이끌어내지 못하기 때문이다.

변화는 결코 두 팔 벌려 우리를 편안히 맞아주지 않는다. 위대한 결정은 위험을 수반하기 마련이고, 사람들은 그 위험을 두려워한다. 훌륭한 아이디어가 공격받고 오히려 더

가혹하게 무시되는 경우는 빈번하다. 내가 아는 한, 반대에 부딪히지 않은 위대한 혁신은 역사 이래 단 한 번도 없었다.

아이디어가 이런 본질적인 요구에서 살아남으려면 주도하는 사람이 있어야 한다. 우리는 이런 사람을 '챔피언'이라 부른다. 한발 앞서서 책임을 짊어지며, 반대에 맞설 의지를 가진 한 사람 말이다.

하지만 안타깝게도 기존의 회의 시스템은 판을 바꿀 만한 아이디어를 살리지 못한다. 회의 중에 혁신적인 아이디어가 나와도 그 누구도 오너십을 가지려 하지 않는다. 모두가 방관자가 되어버리는 현상▪만이 그 자리를 지배한다.

마치 많은 사람이 함께 범죄를 목격하면 자기가 나서서 행동할 필요를 못 느끼는 것과 같다. 안전한 회의실에 앉아서 모두 책임을 적당히 나눠 가지는 상황을 떠올려보라. 회의 테이블은 둥글다. 그래서 평등하고 공평하며 우리 모두 함께한다고 느낀다. 그러나 그 나눠진 책임감이 혁신에 대한 희망을 가로막고 있다.

▪ 방관자 효과Bystander Effect: 주위에 사람이 많을수록 어려움에 처한 사람을 돕지 않는다는 사회심리학 용어. 다른 사람이 어떻게 행동하느냐에 따라 판단하여 행동하는 현상이다. 1968년 미국의 사회심리학자 존 달리와 빕 라타네가 처음 실험으로 보여주었다.

결국 혁신적 아이디어는 희석되고 밋밋해진다. 또한 더 나은 미래를 위한 변화도, 희망도 없는 안이한 의사결정을 내리거나, 아예 결정 자체를 하지 않기도 한다.

영국 BBC 방송국의 경우, 중요한 구매 결정을 하기 위해서는 서로 다른 위원회와 패널이 참석하는 여섯 번 이상의 회의를 거쳐야 한다. BBC의 한 최고경영진은 이렇게 말한다.

> 이는 조직적인 문제로, 모호한 책임 때문이며, 위험을 피하려는 인간의 습성에서 비롯된 것입니다. BBC에서는 의사결정을 단독으로 하지 않는 경향이 있습니다. 성과 관리가 강하게 이루어지지도 않고, 특정 개인에게 책임을 묻지도 않는데 말입니다.

BBC와 마찬가지로 우리 역시 의사결정과 빠른 행동을 마치 유령을 보듯 두려워한다. 무엇이 그렇게 두려운가? 설령 잘못된 것일지언정 의사결정을 해야만 한다. 설마 죽기야 하겠는가? 우리는 어떠한 어려움도 극복하고 더 강해질 것이다. 하지만 아무런 의사결정도 하지 않는다면 결국 더 확실하게 죽음을 맞이해야 한다.

이제 객석에서 내려와 무대로 가보자.

회의로 얻고자 하는 것은 무엇인가

비즈니스 컨설턴트 존 코터의 말처럼, 기존의 회의는 성공을 위해 진정 무엇이 중요한지 신속하게 판단하는 절박함을 말살해버렸다.

언제 우리는 열정을 잃어버렸는가?
언제부터 이렇게 안이해졌는가?

예전에는 회사에 가면 '중요한 일을 처리해야지' 하며 스스로 다짐하곤 했다. 하지만 언젠가부터 넘치는 회의와 자투리 시간밖에 없는 탓에 스스로와의 약속을 지키지 못하게 되었을 뿐 아니라, 이제 단지 오늘 하루만 버티자는 체념 섞인 바람만으로 출근하게 되었다.

우리는 언제쯤 스스로 만든 덫에 걸렸다는 걸 깨닫게 될까?

당장 눈앞의 일을 처리하는 데만 몰두할 뿐, 온종일 잡다한 회의에 참석하느라 정작 중요한 일에는 에너지를 쏟지 못한다. 중요한 일에 적극 나서서 온 힘을 다하는 대신, 당장 급한 불을 끄는 데 급급한 그런 문화만 만들어냈다.

세계적인 경영학자 피터 드러커는 회의 자체가 취약한 조직을 만든다고 주장한다. '회의'를 하거나 '일'을 하거나 둘 중의 하나다. 결코 동시에 두 가지를 할 수 없다.

진짜 일은 우리를 앞으로 나아가게 한다. 진정한 일은 행동과 투쟁 그리고 노력을 동반하며, 그 결과 우리는 성공에 가까워진다. 만약 조직의 목표가 사람처럼 말을 할 수 있다면, 끊임없이 "일로 돌아가라!"고 얘기하지 않을까.

재능 있는 사람은 조직에 기여하기 위해 무언가 생산적인 일을 해야 한다는 걸 알고 있다. 조직의 목표에 직접 기여하거나, 누군가 요구하지 않아도 엄청난 일에 착수할 때 새로운 가치를 만들 수 있다. 하지만 우리는 생산적인 일을

모던미팅,
결론과 실행이 있는 회의법

하는 대신 회의라는 덫에 빠져버렸다.

웹 기반 소프트웨어 회사인 37시그널스의 창립자 중 하나인 데이비드 하이네마이어 핸슨은 '회의는 독'이라고 말한다. 왜냐하면 회의는 온전해야 할 하루의 업무를 일련의 짧은 순간으로 파편화하기 때문이다. 우리가 최선을 다해서 일할 수 있는 상태는 하나의 이어진 흐름 속에 있을 때다. 그 흐름을 얻기 위해서는 오랜 시간 집중이 필요하다. 이 흐름이 방해를 받으면 매번 집중을 다시 시작해야 한다.

나는 다시 시작하기에 지쳐버렸다.

효율적인 작업 시스템은 최적화가 필요한 산출물을 중심으로 구성되어야 한다. 우리에게 산출물이란 바로 '업무'다. 하지만 오늘날 우리에겐 회의가 너무 많아서, 마치 업무 대부분이 회의를 중심으로 구성된 것만 같다.

때때로 회의에 불려 들어갈 때면 하던 업무를 미뤄두고 참석할 정도로 중요하고 급한 것이 무엇이었는지 의아해진다. CNN뉴스에서 매번 노란 글씨로 '속보Breaking News'가 뜨는 것을 볼 때와 마찬가지로, 그 가짜 긴급함에 회의감이 든다. 또한 회의가 끝나면 진짜 급한 것이 아니었다는 사실에 실망스럽고 화가 난다. 심지어 배신감마저 느껴진다.

이러한 가짜 긴급 상황(즉 가짜 긴급 회의)은 보통 세 가지 유형으로 반복된다.

① 편의적 회의 Convenience Meetings

② 형식적 회의 Formality Meetings

③ 사교적 회의 Social Meetings

편의적 회의는 말하고 싶은 모든 것을 글(메모)로 효율적으로 표현하지 못하기 때문에 생겨난다. 이런 회의가 메모 이상의 가치를 갖는 경우는 별로 없다. 또한 시간 낭비일 뿐 아니라 나중에 참고하기 어려운 비언어적 커뮤니케이션, 즉 말에 의존하기 때문에 사실상 더 가치가 없다.

형식적 회의는 상사가 회의 소집이 자신의 업무라고 생각하기 때문에 반복된다. 상사의 통제력과 생산성을 과시하기 위한 것이든, 지위를 행사하기 위한 것이든 중요치 않다. 어떤 경우든 이런 회의 역시 시간 낭비일 뿐이다. 설사 회의를 통해 참석자들이 조언을 얻거나 현황을 공유하는 작은 도움을 얻는다 해도, 그들의 업무를 방해해서 입는 손해와 비교하면 미미한 정도다.

사교적 회의는 네트워킹을 목적으로 하는 회의다. 우리는 때때로 그 사실조차 깨닫지 못하고 이런 회의에 참석한다. 물론 나도 여기에서 자유롭지 않다. 불행히도 사교적 회의는 빠르게 한 바퀴 진행된 후 주어진 시간을 채우기 위해 늘어진다. 아마도 천천히 이런저런 얘기를 나누고 싶겠지만, 회의실에 있는 모든 사람이 당신처럼 한가하지 않다는 걸 알아야 한다.

일단 이런 가짜 긴급 회의에 무감각해지면, 우리는 조직의 모든 움직임에 의구심을 갖게 된다. 만약 경영진이 이런 가짜 긴급 회의로 말미암은 생산성 저하를 철저히 묵인한다면 굳이 상관할 필요는 없다.

회의는 미식축구 경기 중계를 볼 때 끊임없이 튀어나오는 중간 광고 같은 것이 아니라, 데이토나 500▪의 핏 스톱◆과 같아야 한다. 물론 핏 스톱으로 인해 경기의 흐름은 잠시 끊

기겠지만, 그 중단은 길지 않으며, 이기기 위해서는 불가피한 일이다. 핏 스톱에서 자동차에 빠르게 연료를 다시 채우고 타이어를 갈아 끼워서 운전자가 더 빠르고 안정된 경기를 운영하도록 도와주는 것과 마찬가지로, 회의는 사람들에게 긴급함을 유지하고 살아 있다는 느낌을 충전해줄 수 있어야 한다.

하지만 이런 가짜 긴급 상황보다 더 큰 문제는 회의가 의사결정을 지연시키는 도구로 전락해버렸다는 사실이다. 기존의 회의는 일상적으로 의사결정을 지연시키는 전략의 하나가 되었고, 우리는 어느새 정치인이 되어버렸다.

나는 이런 현실이 가장 두렵다.

최근 TV에서 주 의회 후보 중 한 명이 나온 타운홀 미팅[●]을 본 적이 있다. 후보는 방청객의 질문 중 대답하기 어려운 것이 나오면 교묘히 피해 나갔고, 대신 다음 미팅 일정을 잡

■ '데이토나Daytona 500'은 미국 플로리다 주 데이토나 해변에 있는 자동차 경기장에서 매년 열리는 자동차 경주대회 중 하나로, 500마일(805킬로미터)을 달리기 때문에 붙여진 이름이다.

◆ '핏 스톱Pit Stop은 자동차 경주 중에 차량 수리, 재급유, 타이어 교체 등을 수행하기 위한 장소다.

모던미팅,
결론과 실행이 있는 회의법

았다. 한 표라도 더 얻기 위해 노력하는 정치인에게는 이런 모습이 놀라운 일도 아니다.

하지만 이 광경은 우리 조직의 모습과 무시무시할 정도로 많이 닮았다.

누구나 그렇듯이 의사결정을 내리는 것은 두려운 일이다. 또한 어려운 결정을 내려야 하는 중압감 앞에서는 머뭇거리기 일쑤다. 의사결정을 할 때 이런 압박감을 피하기 위해 사회적으로 통용되고 쉽게 선택하는 방법이 바로 회의라는 도구다.

이것이 바로 우리가 회의를 유용하다고 생각하는 주된 이유다.

회의는 우리가 더 많은 지적 능력을 모을 수 있도록 장을 열어주고, 다른 사람과 둘러앉아 감정적 확신을 갖게 하며, 작게나마 두려움을 덜어준다.

아무리 많은 계획을 세워도 항상 좋은 결과를 얻을 수는

● 타운홀 미팅Town Hall Meeting이란 미국 참여민주주의의 토대로 평가되는 비공식적 공개회의다. 뉴잉글랜드 지역의 전통적인 타운 미팅에서 유래했다. 정책 결정권자 또는 선거 입후보자가 지역 주민과 함께 정책이나 주요 문제에 대해 설명하고 의견을 듣는 자리다.

없다. 심사숙고는 당연히 중요하지만, 속도 역시 그에 못지 않게 중요하다. 하지만 회의를 지연 전략으로 사용하는 시스템은 결정하지 못하는 문화로 이어진다. 이런 상황을 계속 내버려둬서는 안 된다.

우리의 회의 시스템은 이미 고장이 났다. 하지만 고치기에 아직은 늦지 않았다.

그렇다면 회의로 볼 수 없는 것은 무엇인가?

우리는 기존에 존재하는 거의 모든 형태의 업무상 모임을 통칭하여 '회의'라는 용어를 사용한다. 언어적 정의는 중요하다. 그러므로 더는 그런 모호한 정의를 사용하지 말자. 이제부터는 '회의'라는 단어를 특정한 모임 유형을 정확히 정의하기 위해서만 사용하기로 하자. 그러기 위해서는 먼저 어떤 것이 회의가 아닌지 알아두어야 한다.

① 대화 Conversations

② 그룹 작업 Group Work Sessions

③ 브레인스토밍 Brainstorming

모던미팅,
결론과 실행이 있는 회의법

'대화'는 두 사람 간의 실시간 구두 커뮤니케이션이다. 대화는 회의가 아니다. 대화는 쉽게 제어할 수 있고, 쉽게 거절할 수 있으며, 통상적으로 효과적인 커뮤니케이션의 한 형태다. 다음과 같은 이유로 대화는 그다지 소모적이지 않고 문제를 일으키지 않는다. 첫째, 우리는 대체로 대화에 능숙하다. 둘째, 회의와 달리 대화는 업무를 심하게 방해하지 않는다.

'그룹 작업'은 말 그대로 그룹 단위로 이루어지는 공동 작업이다. 그룹 작업은 회의가 아니다. 그룹 작업은 팀 내외의 구성원과 동시에 진행하는 진짜 업무다.

예를 들면 작가 세 명이 함께 모여 그들의 재능을 결합함으로써 개별적으로 쓸 수 있는 것보다 더 강력한 카피 문장을 뽑아내는 것과 같다. 그룹 작업의 초점은 실질적인 무엇인가를 만들어내는 것이다. 또한 그룹 작업은 목적이 분명하며, 정기적으로 교류하는 팀원들만 포함한다.

'브레인스토밍'은 많은 아이디어를 끌어내기 위해 특별히 고안된 마법 같은 시간이다. 브레인스토밍은 아주 특별하기 때문에 나중에 다시 언급하려고 한다. 어쨌거나 브레인스토밍도 회의는 아니다.

이제 남은 것은 모던미팅이다

자, 이제 무엇이 진정한 회의인지 대답할 때가 되었다. 그 답은 바로 회의에 관한 새로운 기준을 세우는 것이다. 이 기준을 '모던미팅 스탠더드'라고 부르자. 바로 오늘부터 모던미팅 스탠더드는 우리가 일하는 방식이 되어야 하며, 이에 따른 회의는 '모던미팅'이라고 부르기로 한다.

기존의 회의는 단지 커뮤니케이션의 또 다른 형태일 뿐이었다. 즉 이메일, 메모, 전화와 같은 분류에 속하는 하나의 항목이었다. 하지만 이렇게 회의를 이메일이나 메모와 같은 종류로 생각하는 것은 잘못된 것이다.

공지사항을 알리거나, 문제를 정의하거나, 아이디어를 모으는 것과 같은 일반적인 커뮤니케이션을 위해 회의를 열어서는 안 된다. 그러기에 회의는 너무 큰 비용이 소모되고 파괴적이기까지 하다.

회의는 마치 전쟁처럼 최후의 수단이어야 한다.

우리가 앞으로 가질 모던미팅은 의사결정을 지원하기 위한 유일하고도 특별한 장치이며, 신성한 도구여야 한다.

의사결정은 우리를 적극적으로 행동하게 하고 모든 변화를 이끌어낸다. 의사결정이 바로 우리 조직을 규정한다.

소극적인 의사결정이 소극적인 조직을 만들고, 용감한 의사결정은 용감한 조직을 만든다.

여기에 바로 기회가 있다. 과감하고 빠르게 의사결정을 내리고, 그런 의사결정을 바탕으로 적극적으로 혁신하는 조직이 되어야 한다. 그러기 위해선 무엇보다도 모던미팅을 체계화해야 한다. 왜냐하면 모던미팅은 빠르고 혁신적인 의사결정을 위해 최적화된 도구이기 때문이다.

당신이
먼저 결정하라

조직의 현재 상황과 이상적인 모습 사이에는 너무 작지도, 그렇다고 대단히 크지도 않은 틈이 존재한다. 나는 이러한 틈이 바로 회의라고 생각한다. 이러한 틈을 좁히는 방법은 결국 선택의 문제다. 우리는 대부분 선택의 여지가 없다고 느끼면서 상사, 동료, 컨설턴트 그리고 고객사가 주도하는 회의에 참석한다. 마치 법정에 소환된 증인처럼 의무적으로 참석한다.

그러나 아이러니하게도 회의를 주도하는 사람들에게 물어보면, 그들 역시 선택의 여지가 없다고 느낀다고 할 것이다. 이런 상황이 그들 자신이 초래한 문제가 아니라 시스템의 문제라고 느끼는 것이다. 결국 회의는 선택의 여지가 없다고 느끼는 누군가에 의해 소집된 수동적인 사람들의 모임이 되어버린다.

하지만 그렇지 않다. 당신에게는 선택권이 있다. 물론 참석하는 모든 회의를 완전히 통제할 수는 없을지도 모른다. 그렇더라도 지금부터는 회의를 운영하던 기존의 방식을 새롭게 바꾸도록 시도해보라.

장기적으로 모던미팅은 모든 사람이 받아들일 때만 가능하다. 즉 모던미팅이냐, 아니냐 하는 양자택일의 문제다. 하지만 단기적으로라도 우리가 먼저 모던미팅의 원칙을 세우고 따른다면, 주위 사람도 모두 동참할 수밖에 없다. 마치 소프트웨어를 조금씩 업그레이드하듯이 말이다.

더 이상 시스템에 문제가 없는 척하지 말자. 지금의 시스템에는 분명 문제가 있다.

더 이상 매번 30분씩 낭비하지 말자. 시간은 매우 소중하고 쏜살같이 지나가며 되돌아오지 않는다. 더 이상 비효율적이고 경쟁력 없는 회의에 끌려다니지 말자.

우리는 매우 유능하고 경쟁력 있는 존재다.

잘못된 회의를 용인하는 문화를 바꿔야 한다. 당신이 동료의 시간을 낭비하는 회의를 소집한다면, 변화된 회의 문화에서 당신은 블랙리스트에 오르게 될 것이다. 회의에 늦거나 준비되지 않은 채로 나타나는 사람이 없어야 한다. 우리가 원하는 회의 문화는 강력한 팀워크 정신으로 최고의 성과를 이루어내는 것을 목표로 한다.

문화적 변화는 충분히 많은 사람들에게 변혁적 아이디어가 퍼져 나가 기존의 패러다임이 바뀌는 순간에 일어난다. 한 사람에서 다른 사람에게로 기하급수적으로 빠르게 전염되는 바이러스처럼 새로운 회의 문화도 그렇게 퍼져 나갈 수 있다.

이러한 회의 문화 변화에 대한 내 생각을 당신 조직에 있는 모든 구성원과 함께 나누었으면 한다. 회의 문화는 조직의 바탕을 이루기 때문이다.

새로운 회의 문화를 권유하는 것이 누군가에게는 공격적으로 비칠 수도 있다. 하지만 나는 내가 속한 조직에 대한 애정이 아주 크기 때문에 진실을 말할 수밖에 없다.

그래서 나는 다음 회의에는 참석하지 않을 것이다. 이것이 모던미팅 원칙에 따른 나의 첫 번째 행동이다.

주사위는 이미 던져졌다

"야크타 알레아 에스토 Iacta alea esto." ▪

이 라틴어 문장은 율리우스 카이사르가 로마 제국과 전쟁을 벌이기 위해 루비콘 강을 건너면서 했던 말이다. '주사위는 던져졌다'는 뜻이다.

▪ 라틴어 표현으로, '주사위는 던져졌다'라고 해석한다. 원래 이 말은 고대 그리스의 시인 메난드로스의 시에 나오는 구절로, 율리우스 카이사르가 기원전 49년에 루비콘 강을 건너 이탈리아 북부로 진격하면서 인용한 것이다. 하지만 일설에 따르면 이 말은 라틴어와 그리스어 사이에 생긴 번역 오류이며, 본래는 '게임을 시작하자'라는 의미라고 한다.

하지만 여기서 이 표현은 그런 비장한 의미가 아니다.

오히려 원래 고대 그리스의 극작가 메난드로스가 했던 뜻으로 썼다. 멋진 기회를 상상하며 흥분으로 가득 찬 상태, 이런 느낌을 당신에게 전하고 싶어서 한 말이다.

"자, 이제 게임을 시작하자."

모던미팅의
일곱 가지 법칙

모던미팅의 일곱 가지 법칙

1. 의사결정을 지원해야 한다.

2. 빠르게 전개하고, 예정대로 끝낸다.

3. 반드시 필요한 사람만 참석한다.

4. 준비되지 않은 사람의 참석은 거부한다.

5. 명확한 실행 계획을 이끌어낸다.

6. 정보 교환을 위한 회의는 하지 않는다.

7. 브레인스토밍을 곁들여 효율성을 높인다.

의사결정을
지원해야 한다

현대의 조직은 대부분 의사결정 결핍을 겪고 있다. '과도한 계획 세우기'라는 덫에 걸린 데다, 끝없이 세세한 업무를 처리해야 하는 굴레 속에 놓여 있다. 물론 의사결정을 내리기 위해서는 다른 사람에게서 충분한 의견과 조언을 구해야한다. 하지만 의사결정은 결국 개인의 몫이다.

일차적인 의사결정을 내리기 전엔 절대 회의를 소집해서는 안 된다. 만일 명확한 의사결정이 이루어지지 않은 채로 회의를 소집한다면, 참석자들은 어이없다는 표정으로 서로 바라보기만 할 것이다. 심지어 그 회의장을 나가버릴지도 모른다. 다시 말하면, 지원해야 할 의사결정이 없는 모던미팅이란 존재하지 않는다는 사실을 명심해야 한다.

이 원칙은 과도한 계획 세우기나 대규모의 업무 방해를 막아줄 것이다. 때때로 의사결정권자가 자신의 의사결정에 도움을 받겠다고 다른 일곱 명의 일정을 한 시간 동안 망칠 수도 있다. 회의를 소집한다고 알리는 마우스 클릭 한 번만으로 말이다. 모던미팅은 그런 소모를 허용해서는 안 된다.

만약 당신이 의사결정을 내리기에 앞서 내 조언이 필요하다면, 개인적으로 부탁해야 한다. 이때 우리는 '대화'를 하게 될 텐데, 조금 불편하겠지만 감수해야 한다. 왜냐하면 의사결정을 해야 할 사람은 내가 아니라 당신이기 때문이다. 만일 당신이 관련자들을 회의에 소집한다면, 일차적인 의사결정을 내린 후 최종 결정에 도달하기 위해서라야 한다.

만약 의사결정에 논란의 여지가 있다면, 최종 결정을 내리기 전에 일대일 대화를 하여 그룹 내에 지지자를 확보하라. 그럼에도 그 의사결정에 대해 심각한 반대 또는 더 나은 대안이 있거나, 혹은 그 결정의 세부 사항에 변경을 제안하고 싶다면, 모던미팅은 그를 위한 토론의 장이 되어줄 것이다. 하지만 결정을 내리는 사람은 결국 당신이고, 최종 책임 역시 당신의 몫이다.

모던미팅은 행동을 지향한다

우리의 조직은 실패할 가능성을 줄이고 잘못된 방향으로 움직이는 것을 막기 위해 그동안 '신중함'을 강조해왔다. 하지만 모던미팅은 '속도'를 지향한다.

물론 어떤 의사결정은 실패할 수도 있다. 하지만 설령 잘못된 방향일지라도 의사결정을 하고 조직을 움직이는 것이 가만히 제자리에 있는 것보다 훨씬 낫다.

빠른 의사결정이 가져오는 이익은 무궁무진하다. 그렇게 하기 위해서는 신념, 경쟁력 그리고 배짱이 필요하다.

모던미팅은 갈등과 조정에 집중한다

갈등 개인이 스스로 의사결정을 하고 그 결정을 강력히 주장하는 것은 당연한 일이다. 하지만 조직 안에서는 다른 사람의 의견에도 마음이 열려 있어야 한다. 우리는 단호해져야 하지만 고집쟁이가 되어서는 안 된다.

의견 충돌은 현명한 의사결정을 위한 촉매제다. 모던미팅은 이러한 갈등을 환영한다. 초기 의사결정이 이루어지고 나서도 다른 의견이나 심각한 반대가 있다면, 모던미팅에서는 그 모든 것을 고려할 수 있도록 테이블 위에 꺼내놓아야 한다. 기존의 회의에서는 비판이 두려운 나머지 진정한 의견이나 날카로운 아이디어를 내놓기 힘들다. 또한 이의를 제기하는 적절한 때인가 망설여질 수도 있다.

하지만 모던미팅은 이의를 제기하기 위해서 여는 것이다. 참석자는 의견 충돌이 생길 것을 충분히 예상하기 때문에 아이디어를 거리낌 없이 마음껏 펼칠 수 있다고 생각한다.

＊ 주의 사항: 미리 내린 일차적인 의사결정을 수정하고 싶지 않다면, 모던미팅을 할 필요가 없다. 그냥 진행하라.

의사결정권자가 열린 마음으로 테이블에 앉아 있지 않다면 의견 충돌은 무의미하다. 당신이 내린 의사결정에 확신을 가져서는 안 된다거나, 쉽게 타협을 하라는 것이 아니다. 다만 의사결정에 대해 유연해야 한다. 그렇지 않다면 모던 미팅을 소집하지 마라.

의사결정을 하고, 메모를 보내고, 그걸로 끝내라.

조정 의사결정은 훌륭한 실행으로 이어질 수 있다. 그러나 적절한 조정 작업이 있어야만 가능한 일이다.

일차적인 의사결정이 이루어지면, 때때로 그에 따른 실행이 분명해질 때가 있다. 업무 분담이 명확하고, 팀과 부서 간의 교차점도 분명하다. 그런 경우에는 회의를 소집할 필요가 없다.

반면 시나리오가 복잡하고 실행 단계가 불분명할 때가 있다. 이런 문제를 협의하여 풀기 위해 모던미팅은 효과적이다. 계획을 어떻게 추진하고 제품을 출시할 것인지 고민하기 위해 똑똑한 사람들을 한곳에 모으는 것은 당연하지 않은가.

Modern **2** Meeting

빠르게 전개하고,
예정대로 끝낸다

기존의 회의는 끝날 시간이 다가오면 회의 시간을 늘리거나, 심지어 추가 일정을 잡기도 한다. 그런 까닭에 회의는 끝날 여지가 보이지 않고 영원히 계속될 것만 같다. 하지만 모던미팅은 빠르게 전개하고 예정대로 끝낸다.

미루기의 최대 적은 마감 시한이다.

불과 몇 달 전 미국연방정부가 폐쇄되는^ㆍ 최종 마감 시한 직전인 밤 11시에 하원, 상원 그리고 오바마 행정부는 다가올 회계연도 예산안에 마침내 동의했다. 민주당과 공화당이 합의한 것이다. 이것은 우연일까? 엄중한 마감 시한이 두

청당으로 하여금 어려운 결정에 합의하게 만들었다.

　우리의 회의를 애틀랜타에 있는 리츠칼튼 호텔의 중역 회의와 비교해보자. 이들은 10분 이내의 대화를 위해 사장 집무실 복도에 모인다. 어떤 잡담도 없고, 앉지도 않으며, 단지 비즈니스에만 집중한다. 합의를 얻어내고, 의사결정을 내리며, 다음 단계로 나아간다.

　너무 많은 시간이 주어지면, 가장 명백한 의사결정조차 재고하게 된다. 토론은 계속 쳇바퀴를 돌고, 실질적인 정보는 추가되지 않으며, 오로지 같은 주제가 반복될 뿐이다. 더 많은 시간은 더 많은 의심을 낳고, 더 많은 의심은 더 많은 불안을 낳으며, 더 많은 불안은 최종 의사결정과 멀어지게 만든다.

　회의를 가능한 한 간략하게 하고, 끝낼 시간을 명확하게

■ 2011년 초, 미국의 오바마 행정부와 야당인 공화당의 견해 차이로 연방정부가 의회에서 예산안을 승인 받지 못해 폐쇄될 뻔한 사건이다. 연방정부가 폐쇄되면 대부분의 연방 공무원이 급여를 받지 못하고 강제 휴가를 갖게 된다. 따라서 각종 행정과 민원 업무가 전면적으로 마비될 수 있다.

설정하라. 몇 명의 주요 참석자와 함께 앉아 있는 1분, 1분은 우리 모두에게 엄청난 비용을 지불하게 하는 귀중한 시간이다. 현명하게 사용하라.

반드시 필요한 사람만
참석한다

우리는 회의에 지나치게 많은 사람을 참여시킨다. 나도 당신처럼 사람들을 귀찮게 하고 싶지 않았다. 그럼에도 나는 방해하는 사람이기도 했고, 방해받는 사람이기도 했다. 당신도 그럴 것이다.

의사결정 과정에서 다른 사람의 감정을 다치게 할 수도 있다는 걱정은 더 이상 하지 마라. 왜냐하면 그런 걱정은 소중한 시간을 낭비하는 것인 동시에 의사결정을 못하게 하기 때문이다. 회의에 참석했다면 합의에 도달하기 위해 노력하라. 다만 실제 합의해야 할 경우의 수는 그 회의에 참석한 사람 수가 늘어날수록 기하급수적으로 증가한다. 이를테면 두 사람이 회의에 참석할 때 만장일치를 얻기 위해서는 한 번의 동의면 충분하다. 네 사람이라면 여섯 번의 동의가 필요하고, 열 사람이면 하나의 합의에 이르기 위해 무려 마흔다섯 번의 동의가 필요하다.

더 많은 부서장과 참관자를 회의에 부르는 것이 언뜻 보면 좋은 생각인 것 같지만, 그로 인해 의견 충돌이 계속되면 합의를 이루기는 거의 불가능하다. 더욱이 단순히 회의에 참관하는 사람은 시간을 낭비하게 되고, 그들의 위상도 흐려지게 된다.

모던미팅에서는 의사결정을 내리는 데 반드시 필요한 사람만 부른다.

회의의 모든 구성원은 다음과 같은 질문을 스스로 해야 한다.

① 회의가 끝난 후 주어진 역할을 수행할 수 있

는가?

② 논의할 의사결정에 관한 내용이 미리 주어진다면, 사전에 의견을 줄 수 있는가?

③ 적극적인 참여 없이 회의석상에 앉아 있는 것만으로도 회의에 어떤 가치를 줄 수 있는가?

④ 당신은 회의에 상징적으로 참석하는가? 또는 단순히 권위를 과시하기 위해서인가?

─────

　만약 당신이 내놓은 의견이 없고, 회의 결과에 관심이 없으며, 필요한 어떤 협력에도 도움이 되지 않는다면 회의에 참석할 필요가 없다. 이제부터 누군가 당신이 필요 없는 회의에 참석을 요청한다면 부디 정중히 거절하라.

준비되지 않은 사람의 참석은
거부한다

기존의 회의는 대부분 관련 정보를 배포하면서 시작하는 커뮤니케이션 도구였다. 회의 준비는 좋게 말하면 필요 이상의 노력, 나쁘게 말하면 시간 낭비처럼 보인다.

그러나 모던미팅에서는 그렇지 않다.

모던미팅의 준비는 회의 리더가 직접 해야 한다. 회의를 주관하는 리더는 회의 어젠다와 연관 자료를 반드시 만들어야 한다.

어젠다는 지도이자, 교통 표지이며, 운전면허증이다. 당신은 어젠다를 통해 모던미팅이라는 운전에 진지하게 임하고 있음을 다른 사람들에게 알려주어야 한다. 만약 사람들이 열정적으로 회의에 참여하기를 원한다면 어젠다를 잘 만드는 데 충분히 시간을 써야 한다.

어젠다는 단지 몇 개의 요점을 나열하는 것이 아니다. 유용한 어젠다는 사안에 대한 진지한 고민과 선택을 담고 있어야 한다.

첫째, 어젠다를 준비하는 것은 회의에서 어떤 일이 일어날 것인지를 심사숙고하는 과정이다. 예를 들어 회의의 목적이 무엇인지, 누가 참석해야 하는지, 참석자가 무엇을 가지고 와야 하는지, 회의 시간이 얼마나 걸릴지 등이다.

둘째, 어젠다는 논의될 의사결정의 내용을 정하고, 그에 대한 피드백과 제안을 이끌어낸다. 어젠다에는 문제점, 대안 그리고 결정 사항이 명확하게 기술되어 있어야 한다. 필요한 피드백의 종류를 정확하게 규정하고, 회의 결과물을 명시하는 것으로 끝나야 한다. 어젠다에 없는 것은 회의 시 논의하지 않는다.

셋째, 어젠다는 참석자에게 준비를 요구한다. 이것이 가장 중요하다. 모든 회의는 반드시 사전에 준비가 필요하다.

참석자가 회의를 따라잡는 데 필요한 정보는 반드시 미리 배포되어야 한다. 만약 참석자가 자료를 읽고 준비할 시간이 없다면, 그 사람은 회의에 참석할 시간이 없는 것과 마찬가지다.

처음 듣는 사안에 대해서 어떻게 의사결정을 위한 논쟁을 심도 깊게 할 수 있으며, 그에 따라 해야 할 일을 현명하게 조정할 수 있겠는가? 다시 말하면, 모던미팅은 갈등과 조정에 대한 것이며, 이런 갈등과 조정은 철저한 준비를 바탕으로 이루어진다.

모던미팅에서는 초기 의사결정으로 제시된 모든 다양한 시나리오를 주의 깊게 충분히 생각하고, 그에 맞는 사려 깊은 대처 방안을 내놓아야 한다. 기존의 목적 없는 회의에서라면 즉흥적인 발언이라도 언뜻 현명하게 들릴 수 있다. 그러나 모던미팅에서는 말도 안 되는 소리로 들릴 것이다.

누군가 준비되지 않은 상태로 온다면 그 회의는 취소하거나 그 사람 없이 진행하라. 미리 준비를 하고 와야 짧지만 집중력 있는 회의를 하게 되고 실제 업무를 추진할 수 있다. 만약 누군가 회의에 들어왔지만 의사결정에 참여하지 않는다면, 다음 회의에서는 그 사람을 부르지 마라. 여기는 고등학교가 아니다. 우리는 세계 수준의 조직을 추구한다. 준비되지 않은 사람을 더는 용납할 수 없다. 그런 참석자는 허수아비나 다름없다. 때때로 가장 나쁜 방해자는 고위 경영진이다. 그들은 회의실에 빈손으로 들어와 마치 자신들이 왕인 양 보고받기를 기다린다. 하지만 그들은 왕이 아니다.

모던미팅에서는 무엇보다 의사결정이 왕이다. 모두 이 왕을 경배하라.

Modern **5** Meeting

명확한 실행 계획을
이끌어낸다

기존 회의에서는 회의록을 작성했다. 회의의 목적이 분명치 않았기 때문에 회의록만이 그 회의에서 무슨 일이 있었는지 알 수 있는 유일한 방법이었다. 하지만 모던미팅에서는 회의록이 필요 없다. 회의에서 일어난 세세한 사항을 모두 알 필요가 없기 때문이다. 모던미팅에서는 항상 갈등과 조정만 발생하므로 우리가 알아야 할 것은 최종 의사결정과 그에 따른 실행 계획뿐이다. 만약 당신이 누군가 초대한 회의에서 구체적인 실행 계획을 하나도 얻지 못했다면, 다음 회의에는 참석하지 않아도 된다. 그런 회의는 시간 낭비일 뿐이니까!

　누군가가 모던미팅에 참석하길 원한다면, 주최자는 당연히 그 사람에게 실행 계획을 제공해야 한다. 또한 실행 계획은 최소한 다음과 같은 질문에 대한 답을 가지고 있어야 한다.

　① 우리가 책임져야 할 구체적인 실행 계획은 무엇인가?
　② 각 실행 계획에 대한 책임은 누구에게 있는가?
　③ 실행 계획은 언제 완료할 것인가?

　모던미팅에서 기록을 맡은 사람은 실행 계획 항목을 기록하고, 참석자가 그 내용을 제대로 이해했는지 확인해야 한다. 이 과정에서 서로의 이해가 분명하지 않다면, 회의의 본래 목적인 조정이 제대로 이루어지지 않았다는 뜻이다.
　리더는 회의가 끝난 후 참석자가 동의한 것이 무엇이며, 언제 그 일을 실행할 것인지 확인해야 한다. 그들에게 책임을 환기시켜라. 리더가 아니면 누가 하겠는가?

담당자를 압박하여 각자의 실행 계획 과제를 완수하게 하라.

그렇게 함으로써 모던미팅의 한 주기가 완성된다. 참석자는 완수된 실행 계획을 통해 회의실에서 보낸 시간이 헛되지 않았음을 알게 될 것이다. 이렇게 되면 모던미팅은 제 역할을 다한 것이다.

정보 교환을 위한 회의는
하지 않는다

우리는 회의야말로 조직에서 메시지를 전달하는 가장 확실하고 유일한 방법이라고 생각한다.

나도 알고 있다. 이메일로 중요한 메시지를 보내봐야 그 내용을 읽는 건 단 몇 사람뿐이라는 것을 말이다. 만일 당신의 조직이 메모를 읽지 않는 문화가 있다면 모던미팅을 실현하기 어렵다.

이제 회의에 참석해 메시지를 전달받는 일은 없어져야 한다.

회의는 의사결정을 위한 신성한 영역으로 남겨둬야 한다. 그러기 위해서는 정보 교환이나 하는 회의를 취소하는 것만이 유일한 방법이다. 이를 위해선 우리 모두 다음의 약속에 동의해야 한다.

정보 교환을 위한 회의는 모두 취소한다.
단, 관련된 메모는 반드시 읽는다.

메모를 읽지 않는다면 약속은 깨지고, 정보 교환을 위한 회의는 불가피해진다. 단 몇 사람이 약속을 지키지 않는 것만으로도 신뢰 시스템 전체가 붕괴한다.

솔직히 나 역시 항상 효과적으로 커뮤니케이션을 하는 것은 아니다. 하지만 모던미팅을 하기 위해서는 당신의 생각을 메신저와 이메일로 그저 끊임없이 주절거려서는 안 된다.

일관되고 설득력 있는 문서로 생각을 공유해야 한다. 물론 읽고 대답할 가치가 있는 완결된 생각이어야 한다. 그리고 진정한 우선순위를 표시하라. 사람들의 주목이 필

요할 때 신호를 주어라. 하지만 양치기 소년이 되어서는
안 된다.

브레인스토밍을 곁들여
효율성을 높인다

브레인스토밍과 모던미팅을 같은 선상에 놓고 얘기하는 것은 자칫 모순으로 보일 수 있다. 하지만 브레인스토밍은 모던미팅을 성공적으로 운영하기 위한 결정적인 역할을 한다.

브레인스토밍은 모던미팅의 정반대편에서 전체 시스템의 밸런스를 맞춰주는 균형추 구실을 한다.

모던미팅은 의사결정에 초점을 맞춰야 한다. 의사결정 decision 은 '가능성을 없앤다'는 뜻을 가진 라틴어 '데키르

decir'에서 유래했다. 즉 의사결정이란 다른 가능성을 제거하여 앞으로 나아가기 위한 묘약이라 할 수 있다.

또한 우리는 가능성을 만들어내는 일에 집중할 시간도 필요하다. 상상력의 날개를 펴고 아이디어를 충분히 이끌어낼 수 있는 기회, 바로 여기에서 혁신이 탄생할 수 있다.

브레인스토밍의 목적은 창의력을 제한하는 모든 두려움에서 탈피하는 것이다.

전문가들은 평가나 비판이 없는 재미있는 시간을 만들 때 브레인스토밍에서 최선의 결과를 얻을 수 있다고 말한다. 브레인스토밍은 보통의 회의와 달리 위험을 감수해도 괜찮다는 환경, 분위기 그리고 규칙을 제공한다. 무엇보다도 브레인스토밍에서는 잃을 게 없다.

누구나 브레인스토밍에 생산적으로 참여할 수 있다. 하지만 한 가지 주의 사항이 있다. 브레인스토밍의 주제가 평상시 업무에 관련된 것일수록 그 성과는 나빠질 것이라는 점이다.

해당 업무 담당자에게 브레인스토밍을 요구하면 결국 나중에 위험을 피하기 위한 대화만 하게 되므로 브레인스토밍은 엉망진창이 될 것이다. 왜냐하면 마음껏 꿈꾸며 던져놓은 아이디어나 제안을 책임지고 실행해야 할 사람은 결국 자기 자신이라는 걸 알기 때문이다.

브레인스토밍에 참석해보면 훈련받지 않은 참석자는 쉽게 눈에 띈다. 처음에 그들은 자신의 목소리를 내지만, 이내 스스로 감당해야 하거나 비판받을 수 있다는 사실을 알아차리고는 듣기만 하는 것이 더 쉽다는 것을 깨닫게 된다.

세계적으로 유명한 창의적이고 혁신적인 기업 중 하나인 IDEO*를 생각해보라. 그들은 브레인스토밍이 회의실에서 일상적으로 행해지는 것과 전혀 다른 형태의 활동이라고 여긴다. 브레인스토밍을 하려면 그렇게 해야 한다. 혁신은 신성하다.

 ■ 미국 캘리포니아 주 팰로앨토에 본사를 둔 다국적 디자인 혁신 컨설팅 회사. 550명 이상의 디자이너와 엔지니어가 함께 일하고 있으며, 다양한 산업에 대한 창의적인 프로젝트를 수행하고 있다.

브레인스토밍의
10가지
기본 규칙

❶ 아이디어에 열정이 있는 사람을 참여시켜라

열정적인 인턴 한 명이 무관심한 중역보다 낫다.

❷ 자유롭게 칭찬하라

비판은 금지하고, 심지어 평가도 하지 마라. 이것은 일반적인 회의가 아니기 때문이다. 브레인스토밍이 회의가 되는 순간 실패한다. 브레인스토밍의 성과물은 아이디어의 질과 양으로 측정해야 한다.

모던미팅,
결론과 실행이 있는 회의법

❸ 얻을 아이디어의 수를 정하라

IDEO의 대표 톰 켈리는 브레인스토밍을 통해 몇 개의 아이디어를 얻을 것인지 미리 정하고, 그 수를 채우라고 권한다. 이 방법은 참석자가 목표한 수를 채우기 위해 노력함으로써, 불필요한 자기 검열을 하지 않도록 도와준다.

❹ 타이머를 사용하라

정해진 시간이 거의 끝날 때쯤 사람들은 마지막 아이디어를 던지기 시작한다. 아이러니하게도 긴장감은 두려움을 이길 수 있게 도와준다.

❺ 즐겁게 하라

우리 대부분은 일에서 즐거움을 찾는 방법을 잊었다. 하지만 즐거워야 아이디어가 샘솟는다.

❻ 활동적으로 하라

사람들이 일어나서 방을 걸어 다니게 하라. 아예 방을 나가는 것도 좋다. 브레인스토밍은 별도로 확보된 공간에서 하는 것이 좋다. 부진한 실적으로 책망 받았던 곳과 같은 장소에서 브레인스토밍을 진행한다면 자신감을 갖기 어렵다.

❼ 명확한 초점을 가져라

자유롭게 하되 무질서해서는 안 된다. 아이디어는 주어진 문제의 방향과 맞아야 한다. 명확한 문제 제기를 하고 사람들이 그 선상에 있게 하라.

❽ 브레인스토밍을 효율적으로 도와줄 전문가를 확보하라

당신이 절약할 시간과 얻을 이익에 비하면 최고의 브레인스토밍 전문가를 고용하는 비용은 매우 적다. 게다가 외부의 목소리는 당신보다 훨씬 더 쉽게 회의실의 분위기를 바꿀 수 있다.

모던미팅,
결론과 실행이 있는 회의법

❾ 상사 또는 항상 반대만 하는 임원은 참여시키지 마라

위험이 있거나 논란이 많은 아이디어라 할지라도 자유롭게 제안할 수 있는 분위기를 만들어야 한다. 만약 브레인스토밍의 진행을 주도적으로 방해하는 사람이 있다면 그 사람은 방출할 필요가 있다.

❿ 모든 것을 기록하라

누군가는 아무리 사소한 것이라도 브레인스토밍에서 나오는 모든 내용을 기록해야 한다.

모던미팅의
일곱 가지 법칙
요약

❶ 의사결정을 지원해야 한다

만약 의사결정권자가 사전에 조언이 필요하다면 일대일 대화로 얻어야 한다. 모던미팅은 일차적 의사결정이 이미 이루어지고 난 후에 소집해야 한다. 이때 모던미팅에서는 다음의 두 가지를 해결한다.

의견 갈등 이해당사자가 의사결정에 관한 토론이나 대안 제시, 수정 요청 또는 문제점을 언급할 수 있는데, 이 과정을 거쳐 최종 의사결정이 이루어진다.

업무 조정 의사결정에서 다른 팀이나 부서 간의 복합적 협업이 필요할 경우, 이해관계자는 실행 계획을 조정하기 위해 모일 수 있다.

❷ 빠르게 전개하고, 예정대로 끝낸다

모던미팅에선 의사결정이 불필요하게 지연되지 않도록 회의 시간을 정확하게 준수해야 한다. 회의가 끝나고 최종 의사결정이 이루어지면 참가자는 다시 본래의 업무로 돌아간다.

만약 회의에 늦는 참가자가 있어도 모던미팅은 기다리지 않고 정시에 회의를 시작할 것이고, 다음번에는 그 참가자를 부르지 않을 것이다.

❸ 반드시 필요한 사람만 참석한다

최종 결정에 반드시 필요한 사람만 모던미팅에 참석을 요청한다. 적은 수의 사람들이 빠르게 의사결정을 내리고 협력이 필요한 계획을 원활하게 조정한다. 만약 참석자가 회의에 참석할 필요가 없다고 인식한다면, 회의 참석을 거부할 의무가 있다.

❹ 준비되지 않은 사람의 참석은 거부한다

모던미팅 전에 충분한 시간을 두고 어젠다를 배포한다. 그래야 의사결정에 관한 토론이나 실행에 대한 협조가 잘 이루어질 수 있다.

모던미팅에서는 제안된 다양한 시나리오를 주의 깊게 생각하고 이에 대한 사려 깊은 의견을 제시해야 한다. 따라서 준비되지 않은 상태라면 회의에 참석하지 마라.

❺ 명확한 실행 계획을 이끌어낸다

우리가 책임져야 할 구체적인 실행 계획은 무엇인가? 각각의 업무에 관한 책임은 누가 지는가? 업무의 실행 완료 시점은 언제인가? 모던미팅에서는 이러한 점을 명확히 하고, 회의가 끝난 후 최종 실행 계획을 배포해야 한다. 회의 주최자는 모든 참석자가 맡은 바 책임을 다하도록 독려하고, 이에 필요한 후속 조치를 취해야 한다. 만약 실행 계획이

나올 필요가 없는 상황이라면, 회의도 필요치 않다.

❻ 정보 교환을 위한 회의는 하지 않는다

모던미팅은 의사결정에 대한 지원이라는 목적에 맞아야 한다. 따라서 정보 교환이나 하는 회의는 취소해야 한다. 이를 가능하게 하려면 관리자는 메모를 작성해야 하고, 다른 모든 사람은 반드시 메모를 읽어야 할 책임이 있다. 메모를 잘 읽는 문화에서 정보 교환을 위한 회의는 더 이상 필요치 않다.

❼ 브레인스토밍을 곁들여 효율성을 높인다

모던미팅은 선택의 폭을 좁히는 과정, 즉 의사결정을 위한 것이다. 반면 브레인스토밍은 선택의 범위를 최대한 넓히는 것이다. 따라서 브레인스토밍은 모던미팅의 보완재로서 반드시 필요하며, 올바른 방식으로 이루어져야 한다.

모던미팅

실행을 위해 꼭 필요한 자세

아직도 이런 회의를
계속하고 있는가?

첫째, 이번 주에 처리해야 할 중요한 의사결정이나 문제가 없는데도 회의를 해야 할까?

CNN이 큰 뉴스가 특별히 없는 날에도 24시간 방송을 하듯이, 관행적 회의는 사소하거나 억지로 만든 문제를 이끌어낸다.

둘째, 관행적 회의의 대부분은 결국 정보 교환을 위한 회의로 변한다. 사실 면밀하고 설득력 있는 메모를 작성하는 것은 어렵다. 다음번 회의까지 그저 기다리다가 회의 참석자에게 "이번 회의에서 다룰 내용은……" 하고 구두로 내용을 말하는 것이 (최소한 리더에게는) 더 편하다.

셋째, 회의 중에 중요한 의사결정이 필요한 안건이 등장해도 사람들은 그 결정을 다음 회의로 미루도록 습관화되어 있다. 시한이 중요할 때에도, 의사결정에 대한 일정 그 자체보다 오히려 회의 일정이 전체의 흐름을 지배한다.

메모를 첨부하라

"만약 사람들이 내가 보낸 이메일을 읽는다면, 나는 정보 교환을 위한 회의를 기꺼이 취소하겠다."

메일을 제대로 읽지 않는 사람들의 자세를 비난하기는 쉽다. 그러나 매일 수백만 통의 이메일이 오가는 현실을 생각한다면, 오히려 메일을 보내는 자세와 방법을 다시 생각해보는 것이 더 생산적일 것이다.

우리는 커뮤니케이션의 중요성에 대해 더 강력하게 알릴 필요가 있다.

모든 것이 중요하다고 말한다면, 결국 아무것도 중요한 것이 아니다.

왜 당신의 팀원에게 정말 중요한 메시지를 담기 위한 특별한 도구로서의 '메모'를 환기시키지 않는가?

메모는 깊이 생각하여 간결하게 정리한 논리적인 형식의 글이다. 메모는 이메일의 본문에 삽입하는 대신 문서로 첨부한다. 메모는 쓰는 데는 오랜 시간이 걸리지만, 그렇기 때문에 효과가 있다.

사람들이 모든 이메일을 읽는다고 보장할 수는 없다. 하지만 만약 당신의 메모를 사람들이 읽는다는 것을 회의 중에 알 수 있다면, 이 역시 그리 나쁘지 않다.

회의 중독에서
벗어나라

어려운 결정에 직면할 때 우리는 불안해한다. 하지만 이렇게 스트레스가 극에 달할 때 달콤한 케이크를 한 조각 먹으면 불안감에서 탈출할 수도 있다. 이러한 것을 '감정적 식사'라고 한다.

하지만 비즈니스 세계에서는 이런 역할을 하는 케이크가 존재하지 않는다. 대신 우리는 회의를 소집한다. 나는 이를 '감정적 회의'라고 부른다.

회의가 위대한 것은 마치 살찌지 않는 음식이라도 되는

듯 편안함과 확신을 준다는 점이다. 회의는 다른 사람에게 당신이 바쁜 것처럼 보이게 한다. 충분히 많은 회의를 소집한다면 심지어 승진할 수도 있다.

감정적 불안에 굴복하는 습관의 문제점은 습관이 곧 중독이 된다는 점이다. 담배를 피우거나 쇼핑을 하듯, 감정적 불안을 다루는 특정 기제를 인식하지도 못한 채 저절로 하게 되는 것이다.

다행히 이런 중독에서 벗어나는 방법이 있다. 그것은 바로 '습관을 없앨 수는 없지만, 대체할 수는 있다'는 사실을 우선 인식하는 것이다. 나는 새로운 습관을 제안한다. 깊이 숨을 들이마시고, '어떻게 결정할 것인지'를 무엇보다도 먼저 결정하는 것이다.

말하기는 쉬워도 실천하기는 어렵다. 하지만 불안감에 굴복하길 거부하고, 대신 스스로에게 진정으로 선택할 수 있는 힘을 부여할 때, 이때가 바로 진정한 리더십이 발휘되는 순간이다.

반대자를 인정하라

우주 왕복선 챌린저호가 발사되기 몇 달 전, 로저 보이스 졸리라는 엔지니어가 메모를 하나 작성했다.

그 메모에서 그는 인명 손실과 같은 매우 심각한 대참사로 이어질 수도 있는 고무 오링 O-ring의 잠재적 결함을 경고했다. 하지만 동료 엔지니어들은 그 메모를 무시했다. 결과적으로는 로저가 옳았다. 챌린저호가 발사 1분여 만에 폭발하고 만 것이다.

현상 유지를 거부하고, 침묵하지 않으며, 반대 의견을 말하는 이른바 반대자는 말썽꾸러기가 아니다.

이러한 반대자를 미쳤다고, 충실하지 못하다고, 괴상하다고 무시하는 사람이야말로 진짜 말썽꾸러기다.

이런 말썽꾸러기는 조직을 위태롭게 하는 집단 순응, 편견, 조급한 화합의 문화를 초래한다.

따라서 반대자를 인정하라. 그들에게 반드시 동의할 필요는 없다. 하지만 그들의 공헌에 감사하라.

결국 조직 내에 의견 대립이 없다는 것은, 사실 훨씬 더 큰 문제가 있다는 신호인 경우가 많다.

일관성 없는
리더가 돼라

몇 주 동안 그건 자신이 한 일이 아니라고 계속해서 항변하는 한 동료에게 화가 났다. 나는 그를 믿지 않았다. 그러자 그는 나에게 시간이 찍힌 이메일 한 통을 보내왔다. 그가 거짓말을 하는 게 아니라는 명백한 증거가 있었고, 나도 상황을 이해했다.

그렇다고 내가 화내는 것을 멈추었을까? 그렇지 않다. 최소한 곧바로 화를 거두진 않았다. 평정심을 되찾게 될 때까지 수주일이 걸렸다.

이런 나를 고집쟁이 바보라고 불러도 좋다. 하지만 유별난 사람이라고 부르지는 마라.

사실 인간의 행동에는 가장 강력한 관성이 하나 있다. 그것은 바로 이미 말하고 행동한 것에 대해 일관성을 유지하려는 욕망이다. 그런데 이러한 일관성이 조직에 큰 손해를 줄 수도 있다. 심리학자는 이것을 '일관성의 법칙'이라고 부르는데, 이로 인해 몇 가지 당황스러운 일이 생길 수도 있다.

만약 기존의 결정이나 생각이 틀렸다면? 만약 새로운 증거가 나타나거나, 설득력 있는 논거 또는 최근의 경험으로 인해 이미 갖고 있던 믿음에 변화가 생긴다면?

따라서 언제든 지연이 발생할 수 있다고 예상하라.

우리는 결단력과 일관성에 너무 과한 가치를 부여하는 세상에 살고 있다. 누군가 마음먹은 것을 급하게 바꾸면 비록 그 이유가 타당하다 할지라도 사람들은 종종 변덕쟁이라거나, 심지어 변절자라는 딱지를 붙인다.

이런 이유로 우리는 공연히 변화를 어렵게 만들고, 심지어 그걸 깨닫지도 못한다. 만약 이미 내린 의사결정에 괴로워하면서 며칠, 몇 주 또는 몇 년 동안 고민하는 모습을 보여준다면 겉으로 체면을 세울 수는 있을 것이다. 하지만 이게 무슨 시간 낭비인가!

여기에 기회가 있다.

그 어느 때보다도 빠르게 변화하는 세상이니 조직 또한 빠르게 변화할 필요가 있다. 모든 변화에는 새로운 의사결정이 선행되어야 하고, 모든 새로운 의사결정은 믿음의 변화가 선행되어야 한다. 만약 민첩한 조직을 원한다면, 조직의 구성원이 빠르게 믿음을 바꿀 수 있어야 한다.

만약 우리가 갖는 일관성이 장애물이라면, 이에 대한 해결책은 그 일관성과 싸워야 하는 것이다. 아이러니하게도 일관성 없는 문화가 조직이 가질 수 있는 가장 큰 경쟁 우위가 될 수도 있다.

흩어져야 산다

1960년대의 대표적인 심리 실험에 '연기 실험'이라는 게 있었다. 이 실험에서 라타네와 달리는 피실험자들에게 앉아서 주어진 질문지에 답변하도록 했다. 그러는 동안 연기가 실험실 방 안을 서서히 채웠다. 피실험자 중 누군가 이 화재를 실험자에게 보고하는 데 얼마나 걸렸을까?

방 안에 사람이 더 많을수록 누군가 조금이라도 반응하는 데는 더 오랜 시간이 걸렸다.

실험 참가자가 혼자 있을 때는 75퍼센트가 연기가 난다고 보고했다. 참가자가 다른 두 사람과 함께 있을 때는 오직 38퍼센트만이 연기가 난다고 보고했다.

이런 방관자 효과의 인상적인 점은 우리가 갖는 직관에 매우 어긋난다는 점이다. 상황이 불확실할 때 우리는 함께 모여야 한다는 강박 충동이 발동한다. '뭉치면 산다'는 생각은 마치 DNA 속에 각인된 것 같다.

그래서 조직에서 누가 책임을 져야 할지 모를 때, 모두 한 방에 모이는 것은 놀라운 일이 아니다. 이러한 상황에 저항하라. 책임이 모호할 때는 모이지 말고 흩어져라.

혼란의 시기를 돌파하는 강인함은 집단에서 나오지 않는다. 오히려 개인에게서 나온다.

먼저 행동하라

언젠가 지하철에서 한 걸인이 멋진 공연을 했다. 연주가 끝난 후 사람들이 그에게 돈을 주었을 거라고 생각하겠지만, 사실 아무도 돈을 주지 않았다. 누구도 제일 처음에 행동하고 싶어 하지 않는다. 방관자 효과는 매우 강력하다.

어떤 걸인은 좀 더 똑똑하다. 그는 마치 출퇴근하는 평범한 시민처럼 보이는 동료와 함께 일한다. 걸인이 공연을 하고 그 동료가 첫 번째로 돈을 준다면, 그다음에 무슨 일이 일어날지 쉽게 상상할 수 있다. 눈에 보이지 않는 힘의 장막은 깨졌다. 수많은 사람이 돈을 주기 시작했다.

방관자 효과는 강력하다. 그러나 효과적인 해독제가 있다. 그것은 바로 리더십이다.

Modern ⚡ Meeting

회의가 사라져야
책임지는 문화가 생긴다

아리스토텔레스는 이런 말을 했다.

"어떤 사회의 스토리텔링이 나빠질 때 그 사회는 퇴락한다."

마찬가지로 어떤 산업의 회의 문화가 나빠질 때 그 산업은 시대에 뒤떨어진다.

최근 몇 년간 출판 산업은 많은 비판을 받았다. 블랙 아이리시북스의 창업자이자 더블데이 퍼블리싱의 시니어 에디터였던 숀코인은 다음과 같이 말한다.

지난 수년간 기업 감독관들은 출판 산업만의 독특한 DNA 를 재조정해왔다. 이제 원고는 수많은 위원회의 손에 들어 갔다. 그리고 미치도록 수많은 회의가 생겨났다. 매일매일 각 부서가 숨겨놓은 원고를 찾는 것이 일이다. 한 위원회의 손에 들어간 원고가 실제로 출판되기 위해서는 매우 긴 과 정을 거쳐야 한다. 오직 경영의 대가만이 이런 일을 좋아한 다. 원고 접수에서 파워포인트 프레젠테이션으로 이어지고, 다시 카탈로그와 세일즈 전화로 이어지는 기나긴 과정이다.

이런 상황은 그리 놀랍지 않다. 출판 산업은 수많은 파괴 적 혁신으로 인해 위협받고 있고, 그에 따른 두려움은 항상 크다.

두려움이 클 때 신뢰는 떨어진다. 신뢰가 떨어지면 회의 가 소집된다. 회의가 소집되면 책임은 희석된다. 책임이 희 석되면 그 결과는 지연과 타협이다. 요즘 시대에는 누구나 책을 낼 수 있기 때문에 그 어느 때보다 많은 책이 나온다. 불행히도 대부분 책의 수준은 끔찍할 정도다. 이런 이유로 우리에겐 진정한 북 퍼블리셔가 필요하다. 또한 북 퍼블리셔가 북 큐레이터가 되길 바란다. 원하지만 우리 스스로 알지 못하는 매력적인 이야기에 투자하는 위험을 감수할 수 있는 큐레이터 말이다. 그러나 만장일치로 출판할 책을 선택하는 위원회 회의에서는 이렇게 매력적인 이야기를 가진 책을 만들 수 없다.

나는 출판 산업 종사자들이 회의를 취소하길, 독자적인 책임의 문화를 새로 불어넣길, 그리고 새로운 변화를 이끌어내는 책을 만드는 열정적인 모습으로 되돌아가길 희망한다.

그러지 않으면 출판 산업은 시대에 뒤떨어지고, 우리 사회는 퇴락에 직면하게 될 것이다.

Modern Meeting

회의를 취소하라

회의 개최를 제안하고, 실제로 참석자가 모이는 시간 사이에는 많은 일이 벌어진다. 결코 이성적으로 예측할 수 없을 법한 것도 있다. 그런 일은 아마도 회의를 불필요하게 만들 것이다. 그렇다면 간단하다. 회의를 취소하라.

회의를 취소하면 마치 당신이 틀렸다는 것을 인정하는 것과 같은 기분이라는 것을 잘 안다. 하지만 그렇지 않다. 그건 당신이 갖는 민첩성의 증표가 확실하다.

회의가 취소되면 축하해야 한다. 비록 회의가 열리기 바로 직전에 취소했다 할지라도 축하해야 한다. 회의를 가장 많이 취소한 사람에게 우리는 상을 주어야 한다.

회의를 절대 취소하지 않는 사람에게는 어떻게 해야 하는가?

그들을 의심해보아야 한다. 그들은 천리안을 가졌거나, 극단적으로 비타협적인 사람이다.

Modern 💡 Meeting

다른 사람의 시간을
빼앗지 마라

내가 잘 아는 한 여자 중역이 있다. 그녀는 부하 직원에게 신중하게 메모를 쓰는 대신 자신의 시간을 절약하기 위해 회의를 소집한다. 그녀는 회의를 소집해 자신의 시간을 절약하는 것이 훌륭한 아이디어라고 생각한다. 하지만 그녀의 부하 직원들은 이에 동의하지 않을 것이다.

이 문제에 대해 좀 더 고민해보자. 상사는 때때로 시간 절약을 위한 도구로 회의를 이용한다. 왜냐하면 대부분의 조직에서는 높은 자리에 있는 사람의 시간 활용을 극대화하기 위해 직원이 희생하는 방식으로 일하기를 요구하기 때문이다.

물론 이러한 접근 방법에도 일리는 있다. 상사의 시간은 사실 비교적 비싼 자원이다. 더 가치 있는 활동을 위해 비싼 자원을 아끼려는 노력은 말이 된다. 하지만 수많은 다른 사람의 시간을 희생시키면서, 단지 자신을 위한 시간을 아끼기 위해 회의를 소집하는 것은 이 원칙을 잘못 적용하는 것이다.

다시 말해, 당신의 시간이 회의에 참석한 사람 모두의 시간 총합보다 정말 더 가치 있는가?

아마도 그렇지 않을 것이다. 그러나 여전히 조직의 고위층에 있는 사람은 자신만은 예외라고 여기고 싶을 것이다. 사실 그들의 시간이 예외적으로 가치가 있는 경우도 있다. 그러나 이 논리에도 문제는 있다. 조직에서 당신의 시간이 더 가치 있을수록, 당신이 만나는 사람의 시간도 더 가치가 있다.

가장 극단적인 예를 들어보자. 미국 대통령은 매일 아침

CIA(보안정보국)의 보고서를 받는다. 그러나 어떤 전임 대통령은 일일 회의를 시작하기 전에 보고서를 미리 읽지 않고 회의 때 구두로 직접 읽게 했다.

미국 대통령의 시간은 아마도 전 세계의 어느 누구보다 가장 가치 있는 시간일 것이다. 만약 회의에서 구두로 보고함으로써 대통령의 시간을 절약할 수 있다면 두 번 생각할 필요 없이 당연히 구두 보고를 해야 할 것이다.

아마 당신도 이 방법에 동의할 것이다. 단지 일간 회의에서 발표하는 사람 역시 나라 전체에서 높은 위치에 있는 CIA나 정보 관료라는 것을 알 때까지는 말이다. 이런 고위 관료의 시간 역시 매우 귀중한 것이다.

이렇듯 회의를 시간 절약을 위한 도구로 사용하는 것에는 근본적인 문제가 있다. 절약된 시간은 명백히 알 수 있지만, 그로 인해 잃어버린 기회비용은 파악하기 힘들다는 것이다.

Modern 💡 Meeting

솔선수범하는 자세를
칭찬하라

조직에서 문제가 발생하고, 그에 대한 책임이 모호할 때가 있다. 물론 능력 있는 직원은 많이 있지만, 나서서 그 책임을 떠맡지는 않으려 한다. 왜냐하면 역효과에 대한 우려 때문이다. 만약 당신이 명확한 권한 없이 행동한다면, 다른 사람은 곧 당신을 무모하거나 정치적이거나 또는 반항적이라고 낙인찍을 것이다. 하지만 그렇게 사람들이 낙인찍을 때가 바로 당신이 성공적으로 행동했다는 반증이다.

빠르게 변화하는 요즘 세상에서는 문제가 발생해도 누가

그 일을 맡아서 해결해야 하는지 명확하지가 않다. 그렇다고 모든 이해 당사자가 한곳에 모여 책임을 분배할 때까지 하염없이 기다릴 수도 없다. 조직이 민첩하게 움직이려면 모든 개인에게 책임을 지는 권한이 있다고 느끼는 솔선수범의 문화가 필요하다. 그렇게 하기 위해서는 아마 그 조직만의 선한 사마리아인 법이 필요할 것이다.

1959년 캘리포니아는 미국에서 선한 사마리아인 법이 통과된 첫 번째 주였다. 소송을 당할까봐 두려운 나머지 주변에 사람들이 있었는데도 아무도 다친 사람을 돕지 못한 일이 일어났었다. 선한 사마리아인 법은 사람들이 도움의 손길을 뻗는 데 주저하지 않도록 관련된 법적 책임에서 그들을 보호한다. 어떤 경우에는 오히려 옆에 있는 사람의 합리적인 도움을 요구하기도 한다. 그 이후 다른 모든 주에서도 비슷한 법을 채택했다.

선한 사마리아인 법은 과연 효과가 있는가? 여기에는 논쟁의 여지가 있다. 어떤 사람은 법이 너무 모호해서 집요하고 능숙한 변호사라면 선한 사마리아인을 소송할 방법을 찾을 것이라고 주장한다.

그러나 최소한 이 법은 '우리는 올바른 일을 하려는 사람 곁에, 그 일이 비록 의도치 않은 결과를 초래한다고 해도 하나의 커뮤니티로서 함께 있겠다'는 아주 강력한 메시지를 전한다. 이런 과감한 태도는 비록 대부분 상징적일지라도 서로 돕고, 선도하며, 책임지는 문화를 촉진한다.

아마도 선한 사마리아인 정책은 최소한 그 정신만큼은 우리 조직에도 같은 효과를 가져올 것이다. 만약 정체된 조직에서 리더가 좋은 뜻을 가지고 앞장서는 사람 옆에 서 있겠다고 선언한다면, 비록 때때로 실패하거나 누군가를 괴롭히는 결과를 초래한다고 해도 좋은 뜻을 가진 사람은 더 자주 앞장서서 행동할 것이다. 선한 사마리아인 정책을 통해 동료들이 서로 더욱 신뢰하고 힘을 북돋우기 바란다.

사람들이 솔선수범하는 자세를 진정으로 칭찬할 때, 조직은 상상했던 것보다 더 많은 선한 사마리아인을 가지게 될 것이다.

모던미팅으로
무엇을 얻을 것인가

Modern Meeting

모던미팅에 대해 더 알고 싶은 30가지 질문

1. 모던미팅의 핵심은 무엇인가?

　모던미팅은 회의를 바라보는 새로운 태도이자 자세다. 기존에는 변화를 거부하는 힘으로 회의를 바라보았다. 그러나 모던미팅은 조직이 앞으로 나아가는 힘을 얻기 위한 신성한 도구로서 회의를 바라본다. 모던미팅은 특히 시간 낭비를 없애고 확고한 행동 문화를 만들어내는 데 초점을 맞춘다.

2. 경영진이 모던미팅을 받아들이게 하려면 어떻게 해야 할까?

처음부터 모든 경영진이 모던미팅을 받아들이진 않을 것이다. 하지만 괜찮다.

당신이 주재하는 회의를 당신 방식대로 먼저 시작하라. 단 한 명의 상사, 단 한 명의 수장이라도 모던미팅을 받아들이도록 설득해보라.

최고경영진은 변화의 마지막 대상인 경우가 대부분이다. 모던미팅을 주변의 동료, 팀, 부서와 먼저 공유하는 데 초점을 맞추어라. 그런 후 조직 내의 다른 부서들과 공유하라.

3. 일간 현황 보고 회의도 모던미팅이 될 수 있나?

그렇지 않다. 정기적인 현황 보고 회의는 사교적, 형식적, 편의적 회의의 혼합된 형태다. 이런 회의는 대체로 의사결정 회의라기보다는 습관에 가깝다. 베이스캠프*처럼 현황 보고를 대신할 수 있는 여러 가지 효율적인 도구를 활용하라.

현황 보고 없이 한 달을 지내보면서 어떤 일이 일어나는

지 지켜보자. 당신이 생각하는 것보다 별로 놓치는 것이 없을 것이다.

4. 회의를 소집하지 않으면서 나쁜 소식이나 민감한 사안을 수많은 사람에게 전달할 방법이 있을까?

다음의 방법을 시도해보라.

우선, 사람들이 각자 은밀히 볼 수 있도록 리더가 직접 비디오 메모를 녹화해서 전달한다.

그다음이 중요하다. 사람들과 개별 면담 시간을 가진다. 질문이나 의견이 있는 사람이 리더 혹은 구체적인 행동을 취할 수 있는 사람과 일대일로 대화할 수 있는 시간을 갖도록 한다.

사람들은 존중받기를 원한다. 겁에 질린 사람으로 가득

■ 베이스캠프BaseCamp는 37시그널스에서 운영하는 웹 서비스로, 개인이나 기업의 프로젝트 관리를 효과적으로 도와준다. 정보 교환이 주된 목적인 기존의 인트라넷과 달리, 구성원 간 협업을 효율적으로 수행할 수 있도록 메시지 교환, 일정 공유, 공동 문서작업 등의 기능을 제공한다. 궁극적으로 한 조직의 아이디어 허브의 역할을 수행하는 프로젝트 관리 서비스라고 할 수 있다.

찬 공간에 모여 발언할 기회조차 없는 상황을 원치 않는다.

5. 어떤 기업이 회의를 잘 운영하는가?

스타벅스, 구글, 아마존, 인텔과 같은 회사는 훌륭한 회의 문화로 정평이 났고, 모던미팅의 많은 원칙을 공유하고 있다.

6. 의사결정에서 첫 번째 단계는 사람들에게 개인적으로 조언을 구하는 것인가?

실제로 가장 첫 번째 단계는 어떻게 결정할 것인지를 정하는 것이다.

자신에게 다음의 질문을 던져보라.

- 스스로 의사결정을 할 수 있는가?
- 의사결정에 그룹이 필요하다면, 언제 어떻게 참여시켜야 하는가?
- 내리려는 의사결정이 직관적으로 이루어져야 하는가? 아니면 분석적으로 이루어져야 하는가?

- 다른 누군가의 의견이 중요한가? 또는 기존의 정보로도 충분한가?
- 회의 대신 대화로 해결할 수 있는 문제인가?
- 이 의사결정은 언제까지 이루어져야 하는가?
- 그다음에 해야 할 일은 무엇인가?

7. 회의에 타이머를 사용하는 것이 중요한가?

아주 중요하다. 각 회의실에 수동 타이머를 비치하라. 좀 더 멋진 것을 원한다면 디지털 타이머를 구매하면 된다.

타이머를 사용하면 시간이 흘러가는 모습을 시각적으로 보여줌으로써 회의를 제시간에 마칠 수 있고, 참석자에게 당신이 회의에 진지하게 임하고 있음을 알려줄 수 있다.

8. 모던미팅을 도입하면 전체 회의 수를 줄일 수 있는가?

그렇다. 매우 극적으로 줄일 수 있다. 만약 줄지 않았다면 무언가 잘못하고 있는 것이다. 모던미팅의 핵심 개념 중 하나는 희소성이다. 그래서 기존의 회의보다 모던미팅이 훨씬 가치 있는 것이다.

9. 브레인스토밍은 얼마나 자주 해야 하는가?

제대로만 한다면 브레인스토밍은 조직이 감당할 수 없을 만큼 거대한 혁신을 만들어낸다. 다만 아이디어가 낭비되지 않도록 적당한 시점에 펌프질을 멈출 필요는 있다.

브레인스토밍은 절박함의 문화다. 즉 우리가 인식하기만 한다면 활용할 수 있는 무한한 기회가 있다는 것을 알아차리는 것이다.

일단 브레인스토밍에 능숙해지면 조직은 한층 더 혁신에 대한 요구를 이끌어내고, 앞으로 나아가기 위해 노력하게 될 것이다. 물론 이 책은 브레인스토밍을 위한 책이 아니다. 브레인스토밍에 대해 잘 모르겠다면, 책을 찾아보거나 관련 교육을 받아보라. 마이클 미칼코■의 책으로 시작해보는 것도 좋다.

■ 마이클 미칼코Michael Michalko는 세계적인 창의력 전문가로, 창의적 사고를 위한 여러 가지 기법을 강의한다. 베스트셀러 《창의적 자유인》, 《생각을 바꾸는 생각》의 저자이고, 브레인스토밍 카드 세트인 싱크팩Thinkpak을 개발했다.

10. 의사결정권자가 한 명 이상이라면 어떻게 해야 하나?

한 사람이 나서서 그 의사결정에 책임을 지게 하라.

"여러분, 저는 의사결정 책임자로 저 자신을 세우고 싶습니다. 여러분의 의견을 모두 받아들이겠습니다만, 모던미팅은 오직 한 사람의 책임자를 요구하므로 제가 이 의사결정의 주된 책임을 지고자 합니다."

다른 사람이 나설 때까지 기다리지 마라. 누구여야 할지 모를 때는 당신이 이렇게 직접 의사결정 책임자가 되어라.

11. 때때로 임시 긴급회의가 필요할 때도 있지 않은가? 응급 상황에서는 어떻게 해야 하나?

임시 회의는 주변 사람에게 방해가 될 뿐 아니라, 좋은 의사결정을 내리기에 효과적이지도 않다. 만약 즉각 무언가를 해야 하는 상황이라면, 한두 명의 조언자에게 상의하고 스스로 의사결정을 내려라. 하지만 어떻게 의사결정을 할 것인지, 먼저 정하는 것이 더 나은 방법임을 기억하라.

의사결정을 내리기 위해 주어진 시간은 얼마인가?

의사결정이 미치는 영향에는 어떤 것이 있는가?

최선의 의사결정을 내리기 위해 반드시 의견을 구할 사람은 누구인가?

12. 회의 시간을 여러 섹션으로 쪼개어 구성해야 하는가?

리더는 미리 정해진 시간 계획을 맹목적으로 따라가기보다 회의의 흐름을 지배해야 한다.

모던미팅은 갈등과 조정을 중심으로 돌아간다. 그러나 이 두 가지를 작게 쪼개진 시간 슬롯에 맞추기 어려운 경우도 종종 있다. 비록 미리 정해진 회의 구조가 회의(특히 규모가 큰 회의)를 효율적으로 진행하는 데 도움을 주기도 하지만, 너무 복잡한 구조는 건설적인 토론과 훌륭한 해결책을 이끌어내는 즉흥적 발언이나 생각을 막을 수도 있다.

13. 회의 중에 다른 길로 빠지는 상황이 발생하면 어떻게 대처해야 하는가?

거침없이 대처해야 한다. 리더로서 회의 그룹이 핵심 목적에서 이탈해 주의가 흐트러지는 것을 허용해서는 안 된다. 방관이나 비난 또는 종잡을 수 없는 말까지 받아들일 시간이 없다. 경로에서 이탈하는 사람을 정중히 멈춰 세우는 것이 리더가 할 일이다.

14. 회의 시작은 어떻게 해야 하는가?

회의 시간은 소중한 자원이다. 그러므로 낭비해서는 안 된다. 사람들에게 관련 정보를 모두 이해시키려고 하거나 돌아가며 자기소개를 시킬 필요는 없다. 현안이 무엇인지 간단히 파악하고, 문제의 핵심에 바로 다가갈 수 있게 하라.

15. 회의 진행 때는 어떤 자세를 취해야 하는가?

자비로운 독재자가 되어라. 회의 결과는 당신의 어깨에 달렸다. 그러므로 회의가 제대로 잘 진행되도록 이끌어라. 확신을 가지고 강하되 유연하게 진행하라.

최종 목적지에 도달하기 위해 회의를 어떤 방향으로 이끌어가든 참석자에게 미안해할 필요는 없다.

16. 모든 의사결정에 회의가 필요한가?

어떤 의사결정은 만장일치로, 논란의 여지가 없으며, 조정할 필요도 거의 없다. 결정으로 인해 영향 받는 당사자에게 알려주기만 하면 당신의 일은 끝나는 것이다. 회의는 필요 없다.

그러나 어떤 의사결정은 좀 더 민감하고, 논쟁의 여지가 있으며, 의사결정의 적용을 위해 공동으로 문제를 해결할 필요가 있다. 이러한 경우 회의를 진행하라.

17. 한 회의에서 의견 대립과 조정이 동시에 일어날 수도 있는가?

모던미팅을 주재할 때 중요한 점은, 의사결정의 상태를 명확히 하는 것이다. 이미 내린 의사결정은 확고한가? 그렇다면 참석자에게 회의 목적이 단순히 그 결정의 세부 사항을 토론하기 위한 것인지, 또는 그로 인해 발생할 수도 있는 여파에 대한 우려 사항을 전달하기 위한 것인지를 알려라. 이 경우에는 한 번의 회의로 의사결정을 마무리하고, 완전한 실행 계획을 조정할 수 있다.

18. 어떤 예외가 있는가?

모던미팅은 초기의 의사결정을 재평가할 수 있는 통찰력을 이끌어낸다. 이것이 바로 의견 대립이 일어나는 지점이다. 때때로 의사결정권자가 새로운 관점을 고려하기 위해 시간을 좀 더 투자하고, 관련된 사람과 후속 대화를 가지며, 의사결정에 필요한 정보를 좀 더 구해보는 것은 현명한 방법이다.

주의 사항 만약 이러한 활동 때문에 너무 잦은 지연을 초래한다면 전체 시스템을 망가뜨리게 된다. 회의가 끝나기 전, 의사결정권자는 최소한 결정을 마무리하는 시점을 확실히 정해야 한다. 마감 시점은 다소 불편하더라도 촉박하게 정해야 하며, 48시간 이내를 권장한다.

19. 의사결정은 항상 혼자 해야 하는가?

집단적 의사결정은 흔히 타협의 문화로 이어진다. 하지만 투표와 같은 방식을 통해 집단에게 의사결정을 위임하는 것이 적절할 때도 있다.

그러나 이 또한 당신이 해야 할 의사결정이다. 결과물에 대한 모든 책임은 당신에게 있다.

20. 회의 참석자로서 준비할 때 어떤 것을 고려해야 하는가?

스스로에게 몇 가지 질문을 던져보라.

- 의사결정에서 내 입장은 무엇인가?
- 내 입장을 어떻게 현명하고 설득력 있게 표명할 수 있을 것인가?
- 활용할 수 있는 자료나 이야기는 있는가?
- 의사결정을 조율하는 데 나는 어떤 역할을 할 것인가?
- 실행 계획에서 내 역할을 수행하기 위해 다른 구성원에게서 무엇을 필요로 하는가?

21. 모든 사람이 의사결정에 동의한다면, 회의가 열릴 필요가 없다는 뜻인가?

성급한 의견 일치는 중요한 의사결정에 해가 될 수 있다. 모던미팅을 통해 아직 일어나지 않은 의견 대립을 촉진해 볼 수 있다.

22. 모든 참석자가 회의 시작부터 끝까지 참석해야 하는가?

그렇지 않다. 더 이상 참석할 필요가 없으면 돌아가게 하라.

23. 회의 일정은 얼마나 미리 계획해야 하는가?

충분한 시간을 두지 않으면, 공연히 의미 없는 긴급함을 조성하는 문화로 이어지게 된다. 스스로에게 다음의 두 가지 질문을 해보라.

- 사람들의 일정과 우선순위를 존중하여 충분히 사전에 알려주고 있는가?
- 사업 모멘텀을 놓치지 않도록 충분히 빠른 시점에 회의 일정을 수립하고 있는가?

24. 어떻게 회의를 시작해야 하는가?

우선 회의가 필요하다고 결심했는가?

그렇다면 초청하고 싶은 사람들의 목록을 만들어라. 그리고 모던미팅의 목적에 꼭 필요한 중요한 사람을 제외한 나머지를 지워라. 사람들의 감정을 고려해야 하는 문제가 아니다. 조직이 앞으로 나아가기 위한 문제다.

상세한 어젠다를 구성하고 스스로에게 한 번 더 물어보라.

- 이 회의가 정말로 필요한 것인가?

그렇다면 참석자에게 개별적으로 초청장을 보내라. 모던 미팅임을 알게 된다면 그들은 만반의 준비를 하고 참석할 것이다.

25. 누군가를 회의에 초청할 때 기억해야 할 가장 중요한 것은 무엇인가?

무언가를 팔기 위해 구매자를 설득하는 세일즈 피치Sales Pitch▪와 같다. 하지만 당신은 참석자에게 의사결정을 판매

▪ 세일즈 피치: 특정 상품이나 서비스를 처음 접한 고객이 구매 결정을 하도록 설득하는 프레젠테이션이다. 세일즈 메시지를 수십 초에서 3분 이내로 요약하여 빠르게 전달하는 엘리베이터 피치Elevator Pitch에서부터, 회의실에 앉아 긴 시간 동안 체계적으로 정보를 전달하는 풀 세일즈 프레젠테이션Full Sales Presentation으로 나눌 수 있다.

하는 것이 아니다. 앞으로 나아가기 위한 새롭고 더 좋은 방법, 그러한 과정을 파는 것이다.

참석자에게 열정을 가지고 무엇이 현안인지 얘기하라. 그들이 왜 회의에 참석하게 되었는지 구체적으로 설명하라. 그들에게 의미 없는 회의 초청을 거부할 권리와 의무가 있다는 것을 알려줘라.

26. 어젠다에 대한 사례를 보여줄 수 있는가?

모던미팅 스탠더드 사이트 http://modernmeetingstandard. co.kr 에서 찾아볼 수 있다(이 책의 마지막 부분에 참고할 예제를 소개했다).

27. 모든 사람이 동의하지 않는 의사결정을 한다면 어떻게 되는가?

축하한다. 당신은 리더다.

28. 내가 기여할 수 없는 회의는 어떻게 거절하면 될까?

정중하게 그러나 직접 이야기하라. 예를 들어 다음과 같이 말이다.

> 안녕하세요. 제가 회의 어젠다를 검토해보니 이 의사결정이 저희 팀에 영향을 준다 하더라도 저는 그 문제에 대해 특별한 의견이 없습니다. 또한 참석할 자격이 충분한지도 잘 모르겠습니다. 회의 후에 회의록을 보내주시면 의사결정의 실행에 기꺼이 기여하도록 노력하겠습니다.

29. 모던미팅을 벤더나 고객사와 같은 외부 조직에도 전파할 수 있는가?

그래야만 한다. 다른 조직과 하는 회의가 모던미팅이 되게 하는 최선의 방법은 바로 모던미팅을 전파하는 것이다.

벤더(판매 기업)와 고객사에게 모던미팅의 방법을 알려주고, 그들과 비전을 공유하며, 그들의 조직에서도 채택하도록 힘을 북돋워주어라. 이렇게 모던미팅이 퍼져 나간다면 우리 모두에게 좋은 일이다.

같은 방식으로 이메일이나 전자 고지서 그리고 오픈소스 소프트웨어도 널리 퍼져 나갔다. 함께 일하는 사람이 효과적인 방법을 쓰고 있다고 주변에 알리면, 모던미팅을 채택하는 범위가 점점 더 넓어질 것이다.

30. 모던미팅에 대해 사람들에게 얘기해줄 수 있는 최상의 방법은 무엇인가?

때때로 단순한 대화보다는 하나의 선물을 주는 것이 더 큰 영향력을 발휘하기도 한다. 이 책을 몇 권 사서 조직 내에 있는 모든 이들과 나누기 바란다.

구매할 가치가 있는 책은 공유할 가치가 있는 책이다. 우리는 당신이 이 책을 선물할 누군가를 찾기를 바란다. www.thedominoproject.com 사이트를 방문하면 우리가 하는 일에 대해 더 많이 알 수 있을 것이다.

이 책이 담고 있는 생각을 전파할 수 있는 세 가지 방법이 있다.

1 사무실에서 토론 그룹을 만들어라. 사람들이 책을 읽고 모여서 논쟁하게 하라. 당신의 회사는 혁신과 실패에 대해 얼마나 열려 있는가? 경쟁자가 더 혁신과 실패에 열려 있다면 어떻게 할 것인가? 책을 나눠주어라. 그룹 안의 모든 사람이 같은 것을 읽을 때 대화는 전혀 다른 방식으로 진행될 것이다.

2 동료 몇몇의 이름을 이 책의 표지 안쪽에 써라. 각자

책을 읽고 나서 자신의 이름을 지우고 다른 사람의
이름을 추가하라.

③ 당신의 생각을 #meetDomino 해시태그▪를 이용하여
트윗하라.

우리는 당신이 생각을 공유하기를 바란다.

▪ 해시태그Hash Tag는 트윗에서 특정 키워드나 주제어를 기호(#)를 이
용하여 표시하는 방법이다. 해시태그를 이용하면 트위터 검색에서
원하는 주제를 쉽게 찾을 수 있다.

주제 '환불 보장 정책' 시행에 대한 토의

날짜 2011년 8월 10일

시간 오전 10 : 00부터 오전 10 : 40까지

장소 서관 회의실 5A

회의 주최자 겸 의사결정권자

알렉스 세스페데스(마케팅 담당 부사장)

사전 의사결정

나는 심사숙고 끝에 우리의 핵심 교육 상품 전반에 걸쳐 '환불 보장 정책'을 시행해야 한다고 결정함.

회의 참석자

- 알렉스 세스페데스(마케팅 담당 부사장)
- 크리스티나 도오(전국 세일즈 매니저)
- 렛 실버스타인(고객 지원 담당 이사)
- 마티 비닉(회계 담당자)

회의 참석 전, 필독 문서(첨부)

- '환불 보장 정책'이 콜센터에 미치는 영향에 대한 보고서 (작성자 : 렛)

- 시장에서 현재 본사의 경쟁 위치에 대한 자세한 메모(작성자 : 알렉스)

- '환불 보장 정책' 제안에 대한 세부 사항(작성자 : 알렉스)

문제점

현재 우리가 속한 산업은 차별화하기가 점점 더 어려워지고 있다. 따라서 이러한 경쟁 구도에서 뒤처지지 않기 위해서는 차별화를 위한 과감한 행동이 필요하다. '환불 보장 정책'은 우리에게 훌륭한 경쟁 우위를 가져다줄 것이다. 하지만 이 새로운 정책의 시행에는 우려해야 할 점이 있다. '환불 보장 정책'으로 인해 고객지원센터에는 몇 가지 어려움이 제기될 것이다. 우리는 이 문제를 빨리 해결해야 한다. 그러지 않으면 다른 경쟁자들이 우리보다 앞서 나갈 것이다.

배경

나는 '환불 보장 정책'에 대한 아이디어를 임원진에게 초기에 제안했고, 만약 시행하기로 최종 결정된다면, 직접 이 프로젝트에 대한 책임과 의무를 지겠다고 했다.

- 그 뒤로 서너 사람과 일대일로 만나서 이 결정에 대해 심도 깊은 의견을 나누었다: 크리스티나(전국 세일즈 매니저, 본 제안이 매우 기대되고 꼭 필요하다고 생각하므로 전적으로 지원하기로 함), 렛(고객 지원 담당 이사, 기본적으로 제안에 동의하지만, 이로 인해 발생하는 콜센터 업무 부담 증가에 대한 깊은 우려를 제기함), 빌 스트릭랜드(재무 담당자, 강도 깊은 비용편익 분석을 수행한 후, 제안에 동의한다는 결론을 내렸음. 하지만 콜센터 업무 증가에 대한 잠재적 우려를 표명함. 그럼에도 본 회의에서 내려질 어떤 방향의 결정이라도 받아들이겠다고 함. 따라서 회의에 참석하지 않음.)
- 이 회의에서, 우리는 '환불 보장 정책'으로 인해 고객지원센터에 추가로 발생하는 비용에 대해 토의할 것이다. 또한

정책의 실행과 연계된 구체적인 환불 절차 및 기타 제약 조건에 대해서도 토의할 것이다. 더불어 회계부서의 마티를 이 회의에 초대했다. 몇 년 전, 그는 전 직장에서 '환불 보장 정책'을 성공적으로 시행한 구체적인 경험을 갖고 있다. 그의 전문성이 우리 토의에 큰 도움이 될 것이다.

다음 내용을 지킬 것을 서약하고 본 회의에 지참하시오.

- 나는 정시에 회의에 참석하기로 약속한다.
- 나는 회의 중 불필요하게 과시하거나, 어젠다와 관계없이 장황하게 떠들거나, 분열을 조장하거나, 핑계를 대며 발뺌하거나, 의견을 비난하거나, 다른 사람을 공격하지 않을 것을 약속한다.
- 나는 만일 설득력 있는 주장이 제기된다면, 내 관점과 생각을 바꿀 것을 약속한다.
- 나는 내 자신, 내 부서, 내 팀이 아닌 전체의 이익을 중심으로 일할 것을 약속한다.

- 나는 과감히 실행 계획에 전념하고, 결정된 계획의 완수를 위해 노력할 것을 약속한다.
- 나는 만약 내가 참석해도 아무런 가치를 더할 수 없다고 느낀다면 회의에 참석하지 않을 것을 약속한다.
- 나는 우리 회의 시간의 가치를 존중하는 마음으로 미리 준비할 것을 약속한다.

이름 및 서명 _____

모던미팅,
결론과 실행이 있는 회의법